U0601130

徐向南　著

争浮云，唯问心安

一维传

广西科学技术出版社

·南宁·

图书在版编目（CIP）数据

世事浮云，唯问心安：王维传 / 徐向南著 .

南宁 : 广西科学技术出版社 , 2025. 1. -- ISBN 978-7-5551-2302-6

Ⅰ . K825.6

中国国家版本馆 CIP 数据核字第 2024JM3952 号

SHISHI FUYUN WEI WEN XIN'AN：WANG WEI ZHUAN

世事浮云，唯问心安：王维传

徐向南　著

策　　划：许　许
责任编辑：朱　燕　　　　　　　　责任校对：冯　靖
美术编辑：王小红　　　　　　　　责任印制：王　刚　陆　弟
内文插图：可乐喵　　　　　　　　封面设计：张景春

出 版 人：岑　刚　　　　　　　　出版发行：广西科学技术出版社
社　　址：广西南宁市东葛路 66 号　邮政编码：530023
网　　址：http://www.gxkjs.com　　编辑部电话：0771-5786242

经　　销：全国各地新华书店
印　　刷：运河（唐山）印务有限公司
地　　址：唐山市芦台经济开发区农业总公司三社区　　邮政编码：530007
开　　本：880mm×1230mm　32 开
字　　数：180 千字　　　　　　　印　　张：7.5
版　　次：2025 年 1 月第 1 版　　　印　　次：2025 年 1 月第 1 次印刷
书　　号：ISBN 978-7-5551-2302-6
定　　价：49.80 元

白云回望合，青霭入看无。

——《终南山》

山下孤烟远村，天边独树高原。

——《田园乐》

大漠孤烟直，长河落日圆。

——《使至塞上》

涧户寂无人，纷纷开且落。

——《辛夷坞》

新丰美酒斗十千，
咸阳游侠多少年。

——《少年行》

世事浮云何足问，
不如高卧且加餐。

——《酌酒与裴迪》

目　录

CONTENTS

第四卷　宦海且浮沉

第五卷　仕隐皆可得

第一卷

少年才名显

第一章　名门世族的结合

一、立储之择

圣历二年（699 年），在"神都"洛阳极尽华丽的紫微城内，两位在历史上有举足轻重地位的老人正进行着一场关乎大唐命运的谈话。

武则天神情冷峻地坐于上位，目光犀利，不怒自威。她虽然年过古稀，但是眉宇之间仍然英气逼人。

此时，作为中国历史上唯一的女皇帝，武则天已在位八年。其间，她西破吐蕃、收复安西四镇，北克突厥，东平室韦，北讨契丹，令天下臣服。同时，她广纳贤才、大开言路，设立殿试、武举，将科举制度进一步发展。除此之外，她还遣存抚使十人巡抚诸道，推举人才，量才任用；下令"内外文武九品以上及百姓咸令自举"，让官吏、百姓自荐，唯恐有能人被漏掉，不能为朝廷所用。后来，她更是专门设计了"铜匦"。铜匦有东西南北四面，每一面都有一个开口用以投递文书，开口被分别涂成青、丹、白、黑等色，以区分不同的功用。

东面名为"延恩匦"，主要用来给官吏、百姓自荐，给天下有才能的人多提供一个进入仕途的机会。"诗圣"杜甫后来便是在经历科举落第、制举遭遇"野无遗贤"的闹剧之后，通过向延恩匦投递"三大礼赋"，而最终受到唐玄宗的关注。同时，这种自荐之风也让很多因为出身低微不能参加科举考试的能人得到施展才华、抱负的机会。比如被贺知章称为"谪仙人"的"诗仙"李白，就因为出身商贾之家而不能参加科举，当然也可能是他不愿走寻常路，不屑于参加科举，故意不选择这种途径。但无论是哪一种缘由，最终的结局是李白没有参加科举，而是在玉真公主的力荐之下，才以其诗名博得唐玄宗的礼遇，入宫成了"翰林供奉"。

南面名为"招谏匦"，主要用来让百官、百姓评判朝政得失，为朝廷提建议，有点类似现在的意见反馈信箱。

西面名为"申冤匦"，功能如其名，方便百姓申诉冤屈，以纠正冤假错案，令朝廷机构秉公执法。

北面名为"通玄匦"，是给那些能够预测天下大事、自然灾害的能人异士，以及想为朝廷军事方面出谋划策的臣民准备的。

为了让天下能人都踊跃地参与进来，武则天还下令，凡是向铜匦内投递文书并因此立功必受重赏，不是赏赐金银珠宝，就是赏个一官半职，而且即使是诬告也不追究。她还规定，各地若有去京城投递文书的人，朝廷要全力支持、配合，既要提供车马，又要提供达到五品官标准的食粮。一时间，天下"风闻行事"。铜匦制度不仅在一定程度上助长了以铲除异己为目的的告密风气，帮助武则天稳固了统治，还在一定程度上达到了广开言路、广纳贤才的目的。

武则天统治期间，农业深受重视，手工业、商业都呈现出一片繁荣景象。然而，这清明景象的背后隐藏着的危机也让武则天头痛不已。

看着武则天的年纪越来越大，她的侄子武三思、武承嗣就三番五次地向她提起立储之事，为的都是谋求太子之位。此时，已经是武则天改唐为武周的第八个年头，她的两个亲生儿子——无论是当年高宗时期的太子、后来即位的唐中宗李显，还是其第四子、由她一手扶植的"傀儡皇帝"唐睿宗李旦，都已经被她废掉，李显甚至还被流放出了京城。在武三思、武承嗣这些武氏家族成员的眼中，这天下早已经姓武了。既然如此，那么自然应立武氏子孙为太子，哪有异姓之人继承天子之位的道理？这样一来，武三思、武承嗣则成了储君之位最有力的争夺者。而且，他们也都在朝堂之上逐渐笼络自己的势力。于是，朝堂之上立储之声渐起。

这也让武则天犹豫不决，过去的情景一幕幕在她的脑海中闪现。从贞观十一年（637年）她初入皇宫被封为才人，到贞观二十三年（649年）在感业寺出家，后被高宗从感业寺二次接入宫中，一步步走上皇后之位，再到二圣临朝，最终登上九五之尊之位……权力的斗争，似乎从她进宫的那一刻起就没有停止过。看着自己一手建立起来的基业，她深切感受到找"接班人"的紧迫性，毕竟自己年事已高，若再不做出抉择，将来必定大乱。于是她便召来了自己眼中最为忠正也最为信任的大臣——宰相狄仁杰。

长寿元年（692年），狄仁杰被来俊臣诬陷谋反而遭逮捕入狱，屈打成招，最终武则天亲自过问此事才免于一死。之后狄仁杰复被起用，再次拜相。狄仁杰力助武则天平契丹、讨突厥，获赐紫袍、龟带。武则天在紫袍上亲题"敷

政术 守清勤 升显位 励相臣"十二个金字，以示表彰。

此时的狄仁杰年近古稀，背已不如年轻时那般挺拔，面容也显现苍老憔悴之色。当武则天说出对于立储君的想法并询问狄仁杰的意见时，不出所料，他的脸上并没有为难之色，也没有丝毫的迟疑，似乎他的心中早已有了明确的答案。

狄仁杰直接给出答案——庐陵王李显。武则天因此大怒。后复又召见，这次狄仁杰反问道："陛下，您觉得侄子与姑姑之间亲近，还是儿子与母亲之间亲近？"

这本就是一个无须回答的问题。狄仁杰直接给出了他的答案："陛下若是立庐陵王为太子，那么在陛下千秋之后，庐陵王定会在太庙中祭拜您；可若是您真的立了侄子为太子，臣可从未听闻过有侄子把姑姑供奉于太庙之中的。"

武则天双目微闭，显然狄仁杰的理由已经说服了她。翌日，武则天便秘密派人将已经流放在外多年的庐陵王李显接回了"神都"洛阳，复立为太子。

也是在这一年，太原郡祁县（今山西晋中市祁县）的一户高门大院之内人头攒动，下人们奔走于前后院，几位德高望重的长辈坐于前厅内，似乎在等待着什么。一位年轻男子立于厢房门前，还未来得及脱去官服，呼吸稍有些急促。此人名叫王处廉，此时他正在焦急地等待着夫人生下他们的第一个孩子。

二、名门长子

随着一声婴儿的啼哭声打破了大院内的寂静，众人皆舒出大大的一口气。

房内的丫鬟传出话来："是位小少爷！"

整个大院都沸腾了，随即张灯结彩。前厅的长辈们也都端起茶盏，庆祝家族有了传承。祠堂内也燃起了香火，列祖列宗似乎都在那一刻见证了这个后代的诞生，以及多年之后他为家族延续的荣光。

过往的行人也感受到了这高门大院内的欣喜，纷纷抬头向门楣上望去，"太原王家"四个大字映入眼帘。而这个新生的婴孩正是本书的传主——王维。

为何说王维自出生的那一刻起就受万众瞩目呢？这便要从他的家世说起了。太原王氏，北方名门世族之一，其家族史可追溯至商周，可考证的祖先为东汉末年的名臣王允，其曾与吕布合谋诛杀国贼董卓。到了东晋时期，太原王氏也是名人辈出，包括东晋中兴第一名士王承，以及尚书令王述、中书令王恭等。这样的高门大族，贵族甚至皇室都争相与之联姻。东晋哀帝司马丕、孝武帝司马曜的皇后皆出于太原王氏。

王维的母亲则出身博陵崔家。民间有崔、卢、李、郑、王"五姓七家"的说法，太原王氏、博陵崔氏即列于其中。而博陵崔氏一度被称为"天下士族之冠"，在唐朝便出了十六位宰相。

　　魏晋南北朝实行九品中正制。所谓九品中正制，即将天下的贤能人才分为九等，上、中、下分别列为三品。此种选拔人才的方式最终演变成了高门士族的"官场晋级游戏"——上品之中皆是世家子弟。到了隋唐，废除了这种取士制度，以科举制度取而代之，而且剥夺了这些高门士族的种种特权，虽然不再是"上品无寒门，下品无士族"，但世家传承的底蕴和声望都还在。

　　无论是居于庙堂的皇亲贵胄、高官重臣，还是民间的大户人家，都以能与这"五姓七家"联姻而自豪，并为此趋之若鹜。但是这五姓家族秉承自己的礼法，保持血统的高贵，耻于与其他家族联姻。后来，唐高宗下令禁止在这些家族之内通婚，结果适得其反，更让这些清流士族乃至天下人以这纯正的家族传承为贵。

　　王维便是太原王氏与博陵崔氏这两大家族的完美结晶。只是那时，这两大家族还不知道这个孩子今后会像祖辈的那些宰相高官一般在仕途上走得顺风顺水——为大唐王朝建功立业，为祖上延续荣耀；也不知道他会如母家博陵崔氏祖上与班固、傅毅齐名的东汉大文学家崔骃一般著书立说，以思想美名流传于后世。而几年之后，王维便已经展露出不同凡俗的才能。冥冥中，这或许也注定了他将在不同领域里都能为王、崔两家博得荣光。

三、少年全才

自古风云人物自有其成才的理由，当然，其中不乏天才之辈，比如"诗仙"李白。他开口便能震古烁今，落笔便可惊天动地，其诗才让后世之辈难以望其项背。

但是大多成才者，除去自身天生的聪颖，与后天的家传培养是密不可分的，在诗坛与李白齐名的杜甫便是如此。

杜甫出身京兆杜氏，往远了说，西汉御史大夫杜周、西晋军事家杜预都是其先祖，往近了看，唐代的开国功臣、"凌烟阁二十四功臣"之一的杜如晦也与他沾亲带故。杜甫从小最崇拜的人便是先祖杜预。杜预是西晋灭吴的军事统帅之一，在经济、历法、法律、史学、工程等方面都有建树。杜甫的祖父杜审言虽然当的是小官，但却是初唐时期的一位重要诗人，与李峤、崔融、苏味道并称"文章四友"，对唐代诗歌的发展有着重要贡献。杜甫的父亲曾任过兖州司马之类的官职。杜甫后来曾对自己的儿子自豪地说"诗是吾家事"。试问，若没有如此的家世背景和家学传承，他又怎会有"会当凌绝顶，一览众山小""饮酣视八极，俗物都茫茫"的自信与气魄，"许身一何愚，窃比稷与契"的远大理想，以及"何时眼前突兀见此屋，吾庐独破受冻死亦足"的大胸怀、大悲悯？

王维也是如此。王维的母亲崔氏善于教育。她不是将自己的期望和理想强压于孩子，而是以王维是否喜好或是否有这方面的资质来因材施教。

诗文，是王维的天赋之一。古往今来，那些诗传后世并有着重要影响的大诗人，在观世事时大多天生具有不同于凡人的视角与洞察力，他们能够发现那些凡人之眼不可见的事物联系，能够言他人之所未言、言他人之所欲言。

书法，是士族子弟的一项必备技能。各高门大户都将书法教育作为家庭教育的一个重点内容。在《新唐书·王维传》中记载"维工草隶"，可知王维是擅长草书和隶书的。

至于绘画、音乐方面的天赋，王维也都是顶尖的。虽然无法证实王维是唐代成就最高的诗人，但是可以说他是诗人里最好的画家、画家里最好的音乐家、音乐家里最优秀的画家和诗人。

总而言之，王维的综合实力绝对强悍，没有短板。他少年早慧，成名也早，是妥妥的一个"别人家的孩子"。

古代，很多大诗人都像王维一样少年早成，如孟浩然、李白、杜甫都是少年时代即有诗名的。但也有与之相反的，如《三字经》中所提到的"苏老泉，二十七，始发愤，读书籍"。苏老泉，指的便是苏轼的父亲苏洵，他自号"老泉"。少年时期，因家境殷实，苏洵喜欢游历，直到母亲去世，才开始学习。仗着自己头脑聪明，他根本看不上同龄人，直到第一次乡试失败，才意识到自己的不足，从此埋头苦读，并发誓读书不成便不再写文章。之后，他一直居家苦读，同时指导儿子的学业。后来其儿子苏轼、苏辙同榜高中，而他自己也被举荐为官，这才有了"一门三学士"的美誉。

四、名师授业

王维的成才与其家庭教育密不可分。家里不但给王维延请了日常教习名师，还在名人登门造访时借机请其为王维指点一二。比如，被唐玄宗召入宫廷作为内教博士，并且没有皇帝命令不得随意画画的"画圣"吴道子，曾到王府上做客，在王维父亲王处廉的恳请之下指点过王维的书画。

无论是在当时还是在后世，这位吴大画家都是艺术界响当当的人物，他在四十多岁时便被唐玄宗召入宫中，这在当时可谓无上的殊荣。因此，吴道子在画坛的地位可想而知。吴道子后来官至"宁王友"。值得一提的是，"宁王友"并非单纯指宁王的朋友，而是一个官职，要陪伴宁王左右，教其作画，导其处世。这是一个闲散且清高的官职。这位宁王是唐玄宗的哥哥李宪，后来与王维也有些交集。

据说，宁王好色。一次外出，他看到一个饼师的妻子长得漂亮，便强行将其带回府中占为己有。过了一段时间，他又专门找来了饼师，让夫妻二人在府中重聚，还让召集来的宾客作诗歌咏，以此为乐。对于此等胡作非为，王维自然不能忍也不会忍，但他并没有正面与宁王对抗或者上书弹劾他，而是引用了春秋时期息国国君夫人与楚王的故事，写了一首《息夫人》。诗中说，息国国君的夫人长得美若天仙，楚国国君觊觎息夫人的美貌，便起兵一举灭了息国，将息夫人强抢回楚国。后来，息夫人还为楚王生了两个孩子，可是却始终不与楚王说一句话。楚王逼问她为何不发一言，息夫人这才说："我一个妇人，却从了两个夫君，我不得已跟从了你，既然不能求得一死，又有何脸面开口说话呢？"

　　莫以今时宠，难忘旧日恩。

　　看花满眼泪，不共楚王言。

　　《息夫人》一诗以当年息夫人之口吻诉说对楚王的怨念，大意为，不要以为今日有了你的恩宠和荣华富贵，我就会忘记旧日夫君的恩情。即使此处有良辰美景，我也仍是泪水涟涟，不愿与你说上一句话。王维正是借此典故讽刺宁王与当年的楚王一样荒淫无耻。

　　话又说回王维与吴道子。吴道子最擅长的是画壁画，玄宗曾命他为大同殿作壁画，吴道子在一日之内挥笔而成，将嘉陵江三百里的山水风光尽收于一壁，凝练而传神，连玄宗都赞叹不已。作为后辈的王维也曾作壁画，似乎比一日之师的吴道子更胜一筹。

　　开元寺内既有吴道子的笔墨，也有王维的手迹。对此，苏轼曾评价：吴、王两位皆是古今天下第一流的画家，吴道子的画雄奇奔放，笔墨未落，气势袭来；而王维的画则与他的诗一样，朴素而醇美，见之则如沐芬芳。二者相比较，吴道子的画工技艺超群，甚至可以说惊为天人；而王维的画则已经脱离物象的层面，就好像仙鸟离开了樊笼超脱于形迹之外。简单来说，苏轼对吴道子和王维的画工做了比较和选择，最终王维的画工在苏轼心目中胜出，理由是王维的画已经超脱于有形的框架，即类似于我们现在所说的

"跨次元碾压"了。

五、家传的底气

王维在作画上的造诣，可谓青出于蓝而胜于蓝，他甚至超越了吴道子这样一位标杆式的大师，由此可见王维家庭教育的成功。这是因为如果只遵循老师所讲的去模仿、背诵、复刻，而不加以创新和思考，那么王维的成就绝对不会超过他的老师吴道子。而王维不仅好学、爱学，而且做到了专而精。王维不仅善于作诗和作画，还精于书法、音乐。一个人，能把一项爱好变成自己的特长已算得上是能人，而王维则将各项爱好都发展成了特长。这还不够，他还在每一个领域里都跻身前列。如此才能，如此坚持，令人叹服。

更可贵的是，王维不仅自己精进好学，还帮助那些有潜力但家庭贫寒无法求学的人。在《酉阳杂俎》中记载了一个故事：唐代画家韩干曾入宫为供奉，他的年纪比王维小不了几岁，不过两人家境却天差地别。据说这韩干幼年时曾在酒肆打零工，每天奔走送酒，而王维那时候经常去这家酒肆饮酒。当时，像王维这种大户人家的子弟出门身上一般都不带银两，酒肆也乐于让他们赊账，之后派人定期去其府上取酒钱即可。酒肆将这个差事派给了韩干，韩干得以经常去王家。一次，王维看见韩干用木棍在地上随意地乱画，画出的人物和马匹竟然很有意趣和神韵，这让王维很是惊讶，从此便资助韩干学画十余年之久。

　　王维不仅自己成才，而且爱才、惜才，甚至在自己有能力时助人成才，这正是王维少年时拥有的人生态度与处世哲学。从某种角度上来看，或许王维也曾与杜甫一样胸怀天下，但后来由于性格、心境所致，他走出了一条与杜甫截然不同的人生道路。

　　除了诗、书、画，王维受瞩目的还有其音乐才能，而这一点则可谓家传正统。王维的祖父王胄不仅精于音律，还擅长古琴、琵琶等器乐的演奏，是当时著名的器乐演奏大家，在高宗朝和武周时期曾在朝廷任协律郎一职（此官职始设于汉武帝时，负责掌管宫廷音乐律吕）。不过，王胄并未亲授王维技艺，而是由深得他真传的一位李姓弟子作为王维的授业恩师，这才有了王维后来在演奏与音乐创作上的成就，也直接影响了他的出仕之路。这一点，我们后面再讲。

第二章　家逢巨变

一、王家的巨变

王维无忧无虑的童年生活在他九岁这一年戛然而止。九岁前，在父母、家族亲长的呵护关爱下，王维的才华已经显现，"少年早慧"的美名也早已经在太原传开。他无论走到哪里，周围的人都会投来关注、赞赏的目光，偶尔也夹杂着一些议论。

"这少年如此气度不凡，是哪一家的小少爷？"

"这你都不知道，这不就是王家的长子……"

"如此年纪便能诗能文，将来定是飞黄腾达！"

"那还用说，想必要延续太原王家的辉煌……"

王维并不在意他人的夸赞，他的勤勉并非出于功利目的为了要得到什么，而是全凭自己的喜好。只是那时候的他还不知道，自己这种优越且自由的成长环境即将成为过去。

王维九岁那年，父亲王处廉突发疾病离世。当时，王处廉任汾州司马，很有才名，本应一路直上，为王家争得更大的荣光，也为家里的这些孩子铺垫好之后的出仕之路。可是，这一切因为王处廉的离世顷刻间崩塌，而王维及王家这一大家子的命运也从此改写。

　　太原王家被一片素色的氛围所笼罩，他们请来的僧人围在前厅棺椁四周一直诵读佛经，直到七日后王处廉下葬。前厅到大门都站满了人，王维带着弟弟妹妹着斩衰服，立于父亲的棺椁之前，沉浸于悲伤之中。在司仪的指挥之下，王维一步步进行着丧礼流程。他似乎在这一瞬间长大了，也更理解了自己作为家中长子所要承担的责任。他的身后是父母家的长辈，这些人有着齐衰之服的，有着大功、小功之服的，有着缌麻服的，王维当时分不清其中的区别。而对于五服之内的亲戚他也并不熟悉，更别说那些一直排到大门之外的未着丧服的人。他们或许是父亲的朋友，或许是邻里乡亲，或许只是闻王家之名而来，这些人或许从此便与他们王家再无往来……可是母亲在哪呢？王维对她隐隐担心起来。

　　母亲崔氏并不在场，当然，这与一个民俗有关。那时，中年丧夫者或丧妇者是不能去给亡人送葬的，否则就可能被亡人"拖"了去。此刻，母亲崔氏正跪在王家祠堂之内，双眼微闭，但仍可见眼下泪痕。她在三十多岁便失去了丈夫，起初她也抱怨过上天的不公、王处廉的无情。在这七天里，她每日长跪于此诵读佛经，内心慢慢地平静了下来。丈夫走了，她和五儿两女要如何度日？尽管王家的门楣还在，自己的母家崔氏也不会丢下她和孩子不理不管，一时还不至于难以衣食生计，但是丈夫去世，他们太原王氏这一脉便相当于没了主心骨和顶梁柱，而作为家中长子的王维才九岁，根本无法挑起这副重担。

二、家族重担

父亲在世时，王维一直享受着父亲给他带来的种种便利。许多名人、"大咖"纷至沓来，他们或受父亲之请，或慕父亲之名，王维的爱好因这些名师的倾囊相授而成为特长，他"神通"的名声也因此远播。王处廉全心全意地为儿子创造条件，让他充分学习诗歌、绘画或音律方面的各种知识，增进才识，涵养美德。也正是如此，王维心中始终保持着对美的最纯粹的向往，而这也形成了他心中最干净的本质。

父亲的离去意味着这个家庭的轰然坍塌。心思细腻的王维将母亲的一夜白头和日夜操劳看在眼里，将各位亲戚的态度转变和来往的减少看在眼里，此时的他多么渴望能为家里做点什么，但是却苦于自己年幼而无可奈何。他唯一能做的是尽量减少开销，为家中减轻负担，但与此同时，他并没有停止学习。他期待早日出人头地，为母亲分忧解难。弟弟妹妹在他的带领之下，也努力学习，日夜不辍，这让母亲崔氏感到非常欣慰。

母亲崔氏也是一位有胆识、有谋略的女子，曾被封为"博陵县君"。她笃信佛教，一生研读佛经，在家修行。崔氏尽管对丈夫的离世有悲伤、有不舍，但是也能放下心中的执念，只是实在不忍心看着家庭的重担落在年仅九岁的长子王维的身上。其实，在她的心中，原本只是希望孩子们能够快乐成长，能够按照他们自己的意愿选择自己的人生之路，无论是入世还是出世。可是如今，到了如此这般境遇，她的内心也陷入纠结。

在当时，有一位伟大的女性与王维的母亲一样笃信佛教，而且影响着整个大唐的命运，那便是武则天。武则天对佛教的信奉及对佛法的研读在古代帝王之中绝对算得上是"真爱粉"，她不仅在全国每一州都修建寺庙，还捐钱在"神都"洛阳的龙门石窟里开龛，修缮敦煌的莫高窟。武则天修建的寺庙一座比一座高，塑造的佛像也是一尊大过一尊。武则天对佛教的重视从来就不是做表面文章。她对于佛经的研读和修行不一般，曾经亲自操刀撰写《大周新翻圣教序》《大周圣教序》等文章，还组织力量，翻译补全了《华严经》全本，并且亲自作序。

当然，放眼整个唐代，对于佛教的重视并不是始于武则天。我们都读过《西游记》，熟知大唐高僧唐玄奘在悟空、八戒、沙僧三徒弟的保护下一路西行、斩妖除魔，历经九九八十一难终于求取真经的故事。虽然说这只是神话传说，但是历史上玄奘法师确有其人，他也确实西行万里到印度学习佛法，前后往返耗费了十七年，将众多佛经带回大唐。玄奘法师归来后，唐太宗不但派宰相房玄龄前去迎接，还将他安排在长安的寺庙内，为其提供专门讲经说法的道场。据说，唐太宗也曾亲自去听玄奘法师讲法，并下令在各地修建寺庙，为跟随自己征战四方死去的将士超度。唐高宗李治及他的兄弟们也都尊崇佛法，并曾为母亲长孙皇后修建大慈恩寺。

也正是在唐代佛教盛行的背景之下，从王维一出生起，崔夫人便在他心中埋下一颗佛法的种子。这种影响是潜移默化的，从王维的名和字便可得见。

三、佛法的种子

我们都知道，古人除了像现代人一样有姓、有名，还有字、有号。姓，自然是家族传承下来的，子随父姓。其实在上古时期，姓之外还有氏。在那时，姓只是一种族号，如姜姓、姬姓、嬴姓、姒姓等。而经过数代繁衍，姓又有了分支，即氏。例如，商人的祖先是子姓，后来又分出了殷、时、宋、来等氏。在商周时期，姓氏是贵族专有的。贵族之中，女子称姓，别婚姻；男子称氏，明贵贱。到了战国之后，姓、氏才逐渐合二为一。古人的名，是由父亲在孩子出生三月后命名；而字，则是当男子到二十岁成人行冠礼、女子到十五岁行笄礼时才会取得。

名与字之间往往还有关联。如屈原名平，字原，《尔雅·释地》中讲"广平曰原"，很明显，他的名与字是有关联且意义相近的。再如"孔门十三贤"之一的宰予，他名予，字子我，这里的"子"是对男子的美誉尊称，而"予"便是"我"。也有名与字意义相反的，如唐代大文学家韩愈，他名愈，字退之，"愈"是向前进之意，与其字正好意义相反。当然，还有名与字有关联但并非同义的，如三国时期的蜀国名将赵云（赵子龙），《周易·乾》中讲"云从龙，风从虎"，或许是有如此关联的。

而王维也一样，他名维，字摩诘，名与字连在一起便是"维摩诘"。维摩诘是佛教中著名的在家菩萨。何谓在家菩萨？即并未剃度出家而是在家修行、最终修成正果的居士。据传维摩诘是古印度的一位富豪，家中富贵，财产殷实，为人慈悲，深受当地百姓的爱戴。他家中有貌美的妻子和一双聪慧的儿女，却一心向佛，潜心修行，能够做到不被尘俗繁杂的环境所扰，透过纷繁的世界看到事物的真谛本质，成为菩萨之中的典范，也深受释迦牟尼尊重。有一次，维摩诘托病在家，释迦牟尼知其本无病，便派文殊菩萨带领诸菩萨、罗汉前去探病。文殊菩萨见到维摩诘后，与其互斗机锋，辩论佛法之要义。文殊菩萨淋漓阐释不二法门，而维摩诘却始终未开口，以沉默应对，最终让文殊菩萨叹服："善哉！善哉！乃至无有文字语言，是真入不二法门。""不二法门"，便是不可言传、直接入道之法门。很明显，维摩诘早已悟得此法，其智慧与修行令众菩萨赞叹与敬佩。

王维的母亲一生修习研读《维摩诘经》，向往悟得在尘世中的修行之法。《维摩诘经》中有言："随智慧净则其心净；随其心净则一切功德净。是故宝积！若菩萨欲得净土，当净其心；随其心净，则佛土净。"简而言之便是：如果你开了智慧，那么自然心中清净；而心中清静了，自然眼之所见皆是净土。悟通此道理，那么便无须通过外物来让自己的内心或喜或悲，自己已经看透了世事，便没有什么再能让自己烦忧了；而你看天下之事，也不会觉得脏乱差。这种思想不仅仅对王维的母亲产生了影响，更是影响了王维一生。

四、河东少年志

入世即出世，在入世中出世。维摩诘居士在尘世中娶妻生子，能摆脱一切表象的干扰，真正做到"心出世"，而不是"身出世"。王维这一生，似乎也在遵循着维摩诘居士"心出世"的修行之法。他虽融入世俗之中，却又好像超脱于物外；似乎融入声色犬马，与王侯贵族相交不落下风，却又能够随时脱身于世俗纷繁，沉浸在自我的内心世界之中。王维尽享出世的"隐"与入世的"仕"，真正做到了仕隐两得。

少年时期的王维还未真正读懂《维摩诘经》的真义，父亲的突然离世，让他来不及沉浸于丧父之悲，就匆匆扮演起自己人生中的一个新的角色——大家长。父亲离世，作为长子的王维的身上自然多了一份顶门立户的责任。他决心要尽快成长起来，照顾好这几个弟妹，好让母亲安心。

少年阶段失去至亲的际遇肯定会对孩子的人生道路产生深远的影响。当然，也会有些聪颖的少年因家道中落而自暴自弃，就此泯然众人矣。如王维、杜甫、李商隐，他们则走上了另一条人生道路。

杜甫出生后不久母亲便去世了，他被寄养在姑母杜氏家中。三岁时又与姑母的儿子同时染上瘟疫，在得知两个孩子只能活下一个后，姑母毅然放弃了自己的孩子，按照神婆的吩咐，将杜甫置于房屋东南角，保全了他的生命。少年杜甫从未曾有寄人篱下之感，而是感恩于姑母对自己无私的爱。这种爱，也让杜甫从小心中担起了一份责任，似乎自己的命不只属于自己，而与天下人有了牵连。

李商隐十岁丧父，只能随母还乡，小小年纪便扛起家庭重担，靠给人抄书、写字支撑全家的生计。他向堂叔孜孜求学，这才能在十六岁写出了《才论》和《圣论》，得到故相令狐楚和白居易等名家的赏识，后又得以高中进士。

守丧结束后，王维一家便在舅舅的帮助下从祁县搬到了蒲州。蒲州即如今的山西永济市；河东，指的是黄河以东，黄河自北向南流经山西省西南，故这一地区便被称为"河东"。河东地区是华夏文明的发祥地，也被称为"尧舜故地"。尧舜禹的都城皆建立于此。尧舜故地有着深厚的文化底蕴，不仅是精卫填海、愚公移山、女娲补天等神话故事的发源之地，还是荀子、张仪、卫青、霍去病、关羽、吕洞宾等众多名人大家的诞生之地。

那时的王维虽然还不知道自己将在数年之后延续河东之地的辉煌，但他内心笃定要成就一番事业，这样才能对得起自己的家族门庭、对得起亡父的期许、对得起母亲的操劳。他立志要支撑得起这个家来，让弟弟妹妹能在自己的荫庇之下成长。王维在河东蒲州这片天地灵气充沛之地，遍读经史诗文，广泛搜罗各种音乐古谱、书画典藏，艺术造诣飞速提升。同时他又不拘泥于书本，不禁锢于书房，时常与兄弟去亲近大自然，看黄河的波涛汹涌，赏鹳雀楼的雕梁画栋，于自然万物之中体悟人生之奥妙深意，内省自洽。

第三章　长安风华才名显

一、少年有志

在河东蒲州生活了四年后，王维已成长为一个眉清目秀、风华正茂的少年。他性情温和，不善言辞，有着少年的朝气，却没有寻常少年的那种莽撞不羁。

"读万卷书，行万里路"这一道理，王维自然明白，唐代的一众诗人也都是如此做的。

但王维也知道，如今自己要是离家出走，就只剩下母亲来照顾几个孩子，而自己此行也要一笔花销，如今的王家虽然顶着"世家大族"的名头，但在父亲去世后的这几年，家中的进项已经少了很多，而自己的出行难免又要增加家中的负担……王维因此迟迟无法下定决心，不知道要怎样与母亲开口。

与他年岁最近的弟弟王缙看出了哥哥的心思。与哥哥相比，王缙则显得更无拘无束、更有少年气一些。他直接对哥哥说道："兄长可是想要离开蒲州，去外面更广阔的天地看看？"

王维听了一愣，随即轻轻一笑，并未直接回答。自己这个弟弟一向聪慧，而且兄弟二人每日在一起读书，时常作诗唱和，几乎形影不离，自己的想法弟弟又怎能看不透呢？

见哥哥不语，王缙又继续说道："既然哥哥不肯向母亲开口，那不如由我代劳吧。母亲一定会应允的。她可一直希望哥哥你早日能成就一番事业，撑起我们王家的门楣呢！"说罢，起身便要往母亲房间去。

王维一把将弟弟王缙拉住，这时他已然作出了决定。"还是由我自己去说吧。二弟，家里就交给你了。"

果然，正如王缙所说，母亲一听到王维要去长安游历，便欣然答应。其实她早就等着这一天。她从不会强制要求孩子每一步要去做什么，而是让孩子自己做出人生的抉择，走好自己的人生之路。

听说王维要前往京都，几位好友纷纷设宴为他饯行。王维如约而至。觥筹交错间，一个物件引起了他的注意。那是一扇云母屏风，其质地细腻，颜色瑰丽，屏风表面在阳光的映射下闪烁着奇异的光芒。朋友们看他呆坐在位置上，便知他定是神游物外了。过了半晌，王维缓过神来，这才发现一众好友都举杯望着他，于是不好意思地向大家举杯致意，并道出缘由。

朋友知道王维出名在外，于是趁此机会向他提出为那屏风作诗一首。

唐代佛教盛行，王维的母亲也笃信佛教。或许是受到当时佛教流行的影响，又或许是受到母亲的影响，王维也对佛教有一定程度上的信奉。佛教追求无欲无为，追求四大皆空的境界，王维常常能够在山水之中悟到禅理，于是便更加喜爱自然景物。今天看到一整扇云母做成的屏风，王维自然是无比惊艳。他手持酒杯，思索片刻便创作了一首五言诗——《题友人云母障子》。

这是王维最早创作并有所记载的一首诗。诗中说："君家云母障，时向野庭开。自有山泉入，非因采画来。"大意是，朋友家的云母屏风时常拿到外面的庭院里张开，屏风上的纹路犹如山泉淙淙流过，是任何画笔都无法描绘出来的。虽然这时候的王维的作诗水平还稍显稚嫩，但是已然体现出了"诗中有画"的端倪。

离家赴京的前夜，十五岁的王维站在窗前看向京都的方向，踌躇满志。施仁政，为天下、为百姓谋福祉的一腔志气化作团团烈火，在他的胸膛燃烧。他眺望无尽的远方，眼中倒映着天上的繁星，仿佛已经看到自己身着朱紫、荣登宝殿、位极人臣的大好前途；也仿佛看到有朝一日荣归故里，光耀王家门楣，让太原王家再放光彩的那一刻。

王维离开河东蒲州，前往京都长安。当途经长安郊外骊山脚下秦始皇墓时，王维驻足良久，他看到的不只是眼前这一座荒草丛生的土丘，还想到那个近千年前自称"德兼三皇，功过五帝"的始皇帝，想到他死后也要保持所谓的雍容华贵——珍珠作顶，水银灌注成江河水系，墓中陪葬的金银珠宝更是不计其数……然而，此刻只能听得见那寒风哀号，仿佛是那当年被秦始皇封为"五大夫"的泰山松掀起的松涛。五大夫松，也被称为"秦松"。《史记》中记载，秦始皇为效仿三皇五帝，前往泰山举行封禅大典，典礼进行得一切顺利，可就在下山时却突然乌云密布，狂风骤起，电闪雷鸣，大雨倾盆而下。若是冒着风雨下山，秦始皇和众大臣恐怕都会凶多吉少。就在这危急之时，秦始皇忽然看到山腰处有一棵巨大松树，他赶紧躲在树下，紧紧抱住大树，并祈求树神保佑自己顺利度过此劫。谁知不多时，果真雨过天晴，秦始皇心中大喜，当即将那棵松树封为"五大夫"，"五大夫松"就是这样得名的。

王维有感而发，写下了《过始皇墓》："古墓成苍岭，幽宫象紫台。星辰七曜隔，河汉九泉开。有海人宁渡，无春雁不廻。更闻松韵切，疑是大夫哀。"秦始皇墓规模宏大，奢华无度，但这一切都被埋藏在地下，由劳动人民创造出的成果却无法被人民享受，这也成了秦帝国灭亡的原因。王维在诗文中毫不避讳地谴责了秦始皇当年的穷奢极欲和荒淫腐朽。

我们无法得知王维在面对秦始皇陵、谴责秦始皇的时候是否已经看到了大唐的繁华外表下的暗流涌动，但这个十五岁意气风发的少年的有感而发却在客观上痛击了唐代贵族阶级的奢靡生活。而王维对贵族阶级深恶痛绝、对独断专权的痛恨，以及对劳苦百姓的同情也构成了他日后官场沉浮的底色。

二、音乐奇才

随着唐玄宗李隆基清除了韦皇后和太平公主等势力，肃清朝堂风纪，一时间天下海晏河清，政治形势一片大好，大唐逐步迈入开元盛世的鼎盛时期。唐开元六年（718年），此时的王维已经在长安与洛阳之间漂泊了三年。

王维十分清楚自己的目标——金榜题名，安身立命。而摆在他面前的有两条路：一是直接参加科举考试，二是结交权贵。直接参加科举考试是当时的主要途径，但是由于武则天创立的糊名制尚未发展成熟，再加上当时门阀士族势力依旧强大，因此若要科举中第，实际上也必须拜访权贵，获得其举荐。

王维在河东小有名气，但在人才济济的京都之中却稍显平凡。他的父亲出身于太原王氏家族，母亲出身于博陵崔氏，虽然这两家在唐太宗时期已经走向没落，但其影响力却还未彻底消散。王维所受到的家传也让他在两都之间逐渐崭露头角，经常受邀出席各种上流人士举办的宴会。而宴会主人也会因为有幸邀请到王维而倍感荣光。这除了与王维在诗文上才华横溢的原因，还与他的音乐才能有关。

据说有一次宴会，有人拿出一幅奏乐图给大家传阅欣赏。在大家都对此画发表见解之后，这人却突然提出一个问题："久闻京中多才子，对于此画，在下有一事不明，还望在座的有识之士不吝赐教。"当时赴宴的人不是豪门世族就是达官显贵，靠着祖上的庇荫也是见过不少世面的，对于一幅画，他们还真没怎么放在眼里，同时也好奇这人能提出什么问题来，于是都让他"快快讲来"。

只见那人不慌不忙，提出了一个问题："请问在座诸位可知这画上所奏的是何乐曲？"

问题很简单，答案却让人摸不着头脑。在场众人张口结舌，一度以为这人是来砸场子的，几次想要把人赶出去，幸亏东家仁厚才没闹出笑话来。见众人都答不上来，那人心里一阵爽快，刚想开口揶揄豪门世族不过如此，却被一个人搅和了。此人正是王维。

"这是《霓裳》第三部第一拍。"

王维年纪不大，却这么轻而易举地给出了一个答案，任谁都不信。于是有好事的人找来乐工弹奏《霓裳》曲，结果正如王维所说的一样。

席间，有人忍不住夸赞王维是少年天才，但也有人对此不屑。这些人大多是京都有头有脸的贵族子弟，他们说王维不过是瞎猫碰上死耗子，撞大运而已。

王维在往来长安与洛阳的这些日子里，不知碰到了多少达官显贵，见到了多少副这种吃不到葡萄就说葡萄酸的嘴脸。再加上在宴席上喝了一点酒，他毫不掩盖锋芒，放出话来："如果有人不服可以随意出题一试，如有答错自己必当堂向那人磕头赔罪。"

他答错了就要道歉，答对了也不需要任何说辞，还有这等好事？在场的京都子弟一听个个都摩拳擦掌，想挫一挫这个不知天高地厚的狂妄小子的锐气。谁知几个回合下来，王维对答如流，有时甚至在乐工刚摆好姿势，他的答案就脱口而出了。王维也因这一场宴会和一张奏乐图而更加声名远扬，享誉两都。

三、洛阳女儿

王维在长安与洛阳间漂泊多时，出入繁华宴席，结交名门贵族，一时间名声大噪，混得风生水起。但是，每当夜深人静、阖家欢乐的时候，他环顾左右只有孤身一人，不禁悲从中来。重阳节将至，街上到处是菊花酒的叫卖声，艾蒿的味道充溢了整条街道。每个人都行色匆匆，却在忙碌中透出平凡的幸福。

王维站在街口看着来往行人，一时间心神恍惚，不知道自己要往哪里去。重阳节这天，他登上高山，眺望家乡。不知家乡的母亲身体可好，不知二弟王缙的功课可有长进，不知几个年幼弟妹是否也都健康成长，不知故乡的那些朋友是不是也会时不时提起自己……看到身边同游的人都是拖家带口、一家团聚，他不禁更加思念家乡的亲人，想到兄弟此时身上也佩戴着艾蒿登高远望，只是不知道他们会不会想到自己。

一首小诗在他的心头油然而生，于是脱口而出："独在异乡为异客，每逢佳节倍思亲。遥知兄弟登高处，遍插茱萸少一人。"

在两都之间辗转数年，王维除了见识到繁华与歌舞升平的景象，还见识到这世间的另外一番模样。那天，长街格外热闹，敲锣打鼓，王维出门观看，原来是隔壁邻居家嫁女儿。邻居们念叨着这位小娘子是前世修来的福气，家境一般却能攀上一个有权有势的夫家，真是山鸡变凤凰。后来听到他们又聊起了新郎官，王维对此人没什么好印象，只知道他是个豪门少爷，对习文练武一窍不通，是个实打实的纨绔子弟。看着新娘子被接上花轿，接亲的队伍排得长长的，一路上吹吹打打，张灯结彩。王维不免感慨：若是时运到了，平步青云便指日可待；若是时运不济，即便是满腹经纶，也只能在此间萧条度日。

当夜他在家中辗转难眠，于是就索性不睡了，起来读书。可是打开书却一个字也读不进去，只觉得自己空有一身才华，却无处施展，有时候还不如一个攀上高枝的小娘子。

他越想越气，提笔写下了《洛阳女儿行》。

> 洛阳女儿对门居，才可颜容十五余。
> 良人玉勒乘骢马，侍女金盘脍鲤鱼。
> 画阁朱楼尽相望，红桃绿柳垂檐向。
> 罗帷送上七香车，宝扇迎归九华帐。
> 狂夫富贵在青春，意气骄奢剧季伦。
> 自怜碧玉亲教舞，不惜珊瑚持与人。
> 春窗曙灭九微火，九微片片飞花琐。
> 戏罢曾无理曲时，妆成只是熏香坐。
> 城中相识尽繁华，日夜经过赵李家。
> 谁怜越女颜如玉，贫贱江头自浣纱。

王维的这首《洛阳女儿行》取意于梁武帝的《河中之水歌》："河中之水向东流，洛阳女儿名莫愁。莫愁十三能织绮，十四采桑南陌头……"

诗文说，自己邻居家的女儿年方十五，刚好到了出嫁的年纪，便遇上了"对"的人。能嫁给这个"对"的人，至少在世俗人眼中看来，是这个平常人家的女子几辈子修来的福气。这位夫君是一位妥妥的富家公子，骑的是名马，连马具上都镶嵌着金银珠宝，家中侍女无数，器皿极尽奢华，餐食自然也十分丰盛。这姑娘嫁到了这样的人家，居住环境优越自然不必多说，一栋栋朱红色雕梁画栋的楼阁，放在现在的话，也相当于一片别墅，而且家里的植被绿化必定达标。如今嫁入豪门，小女子也等于成了贵族，出门一趟自然得匹配上相应的标准仪仗。出门坐的是宝马香车，周围布设帷帐，挡住了外人好奇的目光。归来时，自然也得有无数侍女持羽扇侍候，直到迎回家中。连这女子如今都享受到这样的待遇了，他的夫婿得贵到什么样？

嚯，这还是个年轻狂傲的富二代，他身上的骄奢之气比起石季伦那是有过之而无不及。石季伦是西晋著名的大富豪，本名石崇，季伦是他的字。石崇这个人不仅富有，而且特别爱和人家斗富。据说有一次，有人邀请他到家中欣赏一棵珊瑚。这珊瑚树可是极其珍贵的，平日里能见到的都是小块的，如今这是一整棵珊瑚，若是普通人见了那定是开了眼界。谁承想，石崇只抬眼看了看，并未现出惊喜的神情，接下来的一幕更是令在场的人大跌眼镜，只见他直接上去把人家的珊瑚给砸碎了。还未等主人家反应过来，石崇就解释说，像这样的珊瑚他家里有很多，而且无论成色、大小、精美程度，都比这一棵好，于是便反邀那人去自己家中挑一棵赔给他。人们到了石崇家中一看，事情果然正如他所讲。不过就算如此，石崇身上的那种骄奢也可见一斑了。那么，王维诗中的这个富二代是什么样的人，大家心中也就有数了。

不过，富二代虽然对外骄奢狂傲，但是对娶进门来的这个小门小户人家的女子却很宠爱怜惜，他还亲自教妻子跳舞，很多事情都依着她来。寒来暑往，在春天的早上，他们就把华美的灯吹灭。由于古代使用的都是烛火和油灯，吹灭灯火时，片片灯灰便落了下来。而白天里，本来说要学习舞蹈，可是光顾着游戏，连整理曲谱的时间都没有了。小女子一天也无须劳动工作，只需要把自己打扮得漂漂亮亮的，再将自己熏香，坐在家里就可以了。这对新人平日往来的都是富贵人家、豪门贵族。诗文提到了"赵李家"。前文说过，王维也是出自五姓七家之中的世家大族，可是其中并无赵姓啊。其实，这里的"赵李家"指的是汉朝时的赵飞燕和李平，她们都是受汉成帝宠爱的妃子，在这里也泛指那些达官贵人、皇亲国戚。在平常人看来，这洛阳女儿过上的绝对是理想中的生活。

那么，王维讲了这么多人家女儿的富贵生活，究竟想表达什么呢？其实就在最后两句——"谁怜越女颜如玉，贫贱江头自浣纱"。这里面还有一个典故。春秋时期，在夫椒之战中，吴国一举灭了越国，而吴王夫差却放了越王勾践，这也为吴国的覆灭埋下了隐患。越王勾践卧薪尝胆，一直在找机会复国，于是将"四大美人"之一的西施送给了吴王。正如勾践所料，吴王整日沉浸在西施的美色之中，吴国国势渐衰，从而也让勾践找到机会灭了吴国。王维在这里只取典故中的部分意思，即将越女代指美女。即使是这样的美女，却未得到他人的赏识，还要在贫贱之中过活，亲自到江边浣洗衣物。这里的"越女"说的真是美女吗？其实，说的就是王维自己。

两都一片繁华，豪门大户歌舞升平，高官贵胄一掷千金。纵使我王维满腹经纶，可若是时运不济，无人赏识，我与那未发迹的浣衣女又有何分别？而得志者又每日寻欢作乐、骄奢淫逸，毫无作为！这世间之事为何如此不公？！

年少的王维面对此情此景，心中有所触动，更加坚定了要博取功名做一番大事业的信念。然而，"天将降大任于是人也，必先苦其心志，劳其筋骨"，前路漫漫，还有很多事情在等着这个意气风发、踌躇满志的少年。

第四章　咸阳游侠多少年

一、终南捷径不可行

在唐代，"终南捷径"是一种为人不齿的投机倒把的谋官行为。话说，武则天时期的卢藏用出身北方大族，家族世代为官，他本人也是才华横溢，很轻松就考上了进士，但是他却得不到上司的赏识，于是在写了一篇《芳草赋》之后便跑到终南山隐居，又在取得了贤名后被召入朝廷做官。可是这位卢老兄却并没有爱惜"羽毛"，后来搅进太平公主谋反的案子里，被发配到了岭南，直到唐玄宗即位之后才被重新起用——任命为黔州都督府长史。不过这位仁兄还没到任，就半路去世了。

与卢藏用同时期的司马承祯是一位真正的隐士，因为不愿意做官而到终南山出家做了道士。女皇武则天听闻了他的大名，便下诏召他到长安做事。司马承祯原本就无意于政事，在长安待了没几天就请辞回终南山去了。他离开长安的时候很多官员都来为他送行，卢藏用也在其中。卢藏用这人以己度人，指着终南山的方向意味深长地说道："那可是个好地方啊！"

司马承祯可不惯着卢藏用，直接道破了他心里装的那点事儿："依我看，那终南山可是做官的捷径！"

然而，即使人人都讥讽"终南捷径"，却人人都想走。最后，这条原本受尽白眼的途径却成了大家步入仕途心照不宣的秘密。

王维见识过了两都的繁华，交游于贵族名士之间，大家彼此客气恭维，可是一篇篇诗文投递出去，却始终不见任何回音。他自认为还算有才华，即使在京都也有薄名。事实也确实如此，在当时，王维的作品早已在京都传诵开来，然而他的诗文之名却始终没能对他步入仕途产生助益。失望而归的王维没有就此放弃，只不过他换了一条思路，来到终南山，希望传说中的"终南捷径"能够帮他达成所愿。

终南山也不是个清静的地方，到处都是像王维有着同样企图一步登天的人。看到他们的那一刻，王维对自己的选择开始有些动摇，他也不知道自己这样做到底是对还是错。

终南山里的人听说王维也来了，多次邀请他前去赴宴。说是赴宴，其实不过是一群酒肉之徒凑在一起扯皮吹牛、互相画大饼。王维婉拒了他们的邀请。正当王维为自己的前途而感到迷茫的时候，一个叫"祖自虚"的人出现在他的生命里，为这几乎要被玷污的终南之境带来了一丝清新的空气。

那天天气不错，王维在山里采风，准备写点什么打发时间。他正在山里走着，一张纸突然迎风飘来，贴到了他的脸上。他吓了一跳，将那贴在脸上的纸抓下来一瞧，原来是什么人抄录的《周易》，那上面一手铁画银钩的好字足以挂出去供达官显贵欣赏了。

这时候，一个书生气喘吁吁地走过来，先是向王维作揖行礼，随后便索要他手中的那张纸。原来，这书生刚才正抄录着，不料一阵风过来便将纸吹走，他为此追了好久。

王维看这书生说话时气息不稳，而且脸色苍白，身材瘦削，于是便猜测这书生打小就身体羸弱。谁知还真被他给猜对了。这书生名叫"祖自虚"，在家排第六，王维私下称他"六郎"或"祖六郎"。

听说书生幼年丧父，这让王维不禁想起了自己的遭遇。两人互通姓名家世，结拜为兄弟，整天结伴而行，同游同住。白天他们在山里饮酒赏花，夜里就在竹林赏月，倘若兴之所至就在竹林下伴月而眠，很是潇洒恣意。他们所写的诗词更是被满城传诵。

有一次，城中达官贵人向他们发出邀约，请他们前去赴宴。祖自虚身体不适不能前往，于是王维只身前去赴宴。临出发前，他告诉祖自虚："六郎且放宽心，我此次下山一则为赴岐王之约，二则必定为你寻来一位名医，治好你的顽疾。"

"祖六在此谢过了！"

王维未料到，在他离开的当天，祖自虚吐血昏迷了好几次，嘴里一直念叨着王维的名字。他的枕下放着的全是王维的诗词手稿。鲜血浸染了手稿，祖自虚想擦干却已经无能为力。

当王维带着岐王推荐的名医满心欢喜回来之时，迎接他的却是一片哀伤的惨白。祖自虚已病逝。王维始终无法接受这个现实，他醉倒在他们常去的那片竹林，醒来就守着他们经常坐着一同讨论诗文的一方青石，一连几天不吃不喝，把自己折磨得不人不鬼，精神恍惚。祖自虚的灵车启程回乡的那天，王维在路上魂不守舍，眼泪顺着脸颊不住地流淌。

王维眼看着祖自虚的棺椁慢慢下葬，棺材随着一抔一抔黄土撒下而消失在他的视线中，他摸着日渐感到窒息的胸口，好像自己的魂魄也跟着葬于其中。他在祖自虚的墓前驻足良久，终于忍下悲痛，将自己沾了祖自虚鲜血的手稿焚烧，随后又拿出一张为祖自虚所作的祭文《哭祖六自虚》，一并烧给他。

> 否极尝闻泰，嗟君独不然。
> 悯凶才稚齿，嬴疾主中年。
> 馀力文章秀，生知礼乐全。
> 翰留天帐览，词入帝宫传。
> 国讶终军少，人知贾谊贤。
> 公卿尽虚左，朋识共推先。
> 不恨依穷辙，终期济巨川。
> 才雄望羔雁，寿促背貂蝉。
> 福善闻前录，歼良昧上玄。
> 何辜铩鸾翮，底事碎龙泉。
> 鹏起长沙赋，麟终曲阜编。
> 域中君道广，海内我情偏。
> 乍失疑犹见，沉思悟绝缘。
> 生前不忍别，死后向谁宣。
> 为此情难尽，弥令忆更缠。
> 本家清渭曲，归葬旧茔边。
> 永去长安道，徒闻京兆阡。
> 旌车出郊甸，乡国隐云天。

定作无期别，宁同旧日旋。

侯门家属苦，行路国人怜。

送客哀难进，征途泥复前。

赠言为挽曲，莫席是离筵。

念昔同携手，风期不暂捐。

南山俱隐逸，东洛类神仙。

未省音容间，那堪生死迁。

花时金谷饮，月夜竹林眠。

满地传都赋，倾朝看药船。

群公咸属目，微物敢齐肩。

谬合同人旨，而将玉树连。

不期先挂剑，长恐后施鞭。

为善吾无矣，知音子绝焉。

琴声纵不没，终亦继悲弦。

祖自虚的离世给王维带来了沉重的打击。终南山到处都是他们同游同乐的回忆，王维一时难以接受这样的现实，不想再留在这个伤心地。恰逢京兆府试即将开始，他便收拾行囊下山入京准备考试。

开元七年（719 年），京兆府试的考试题目是"清如玉壶冰"。"玉壶冰"最早出自鲍照的《代白头吟》，象征着冰清玉洁的风骨与气节，在唐代也被用来代指友情。王维看到题目，神情恍惚，迟迟未能落笔。考试时间过半，他终于放下心中的私心杂念，提笔写下了答卷："玉壶何用好，偏许素冰居。未共销丹日，还同照绮疏。抱明中不隐，含净外疑虚。气似庭霜积，光言砌月余。晓凌飞鹊镜，宵映聚萤书。若向夫君比，清心尚不如。"

世人只知道王维用玉壶冰来比喻自己光明磊落的品格，却不知其中另有这层深情厚谊。

二、从王游历未摧眉

虽然开元八年（720年）的考试未曾中第，但王维没有就此放弃。他离开了终南山，继续游走于王侯豪贵之中，为将来做打算。在王维的豪门交际圈里，岐王与他的关系最为紧密。

这岐王究竟是谁？武则天有四个儿子——李弘、李贤、李显、李旦。这大儿子李弘早早地被唐高宗立为太子，可是在二十三岁时却猝死了。有史料记载，他是暴病而亡，也有传闻说是被亲娘毒死的。而老二李贤人如其名，很有才能，在大哥死后便被立为太子，不仅唐高宗很是赞赏这个儿子，而且群臣也拥戴他。不过越是有才能的人，越是有自己的主张，李贤时常与大权在握的武则天意见不合，后来被母亲贬为庶人，流放巴州，二十九岁便死了。而这老三李显和老四李旦较之大哥、二哥，则显得平庸许多，但是已经没有其他的继承人了，因此在唐高宗去世后，便由李显继位。不过，朝廷大事的最终决策权还在武则天手里。若是李显一直做个听话的乖儿子，或许还能多当几年皇帝，可是他偏偏有一个不省心的媳妇韦皇后。韦皇后时常给李显吹枕边风，劝李显自己掌权，并且执意要将自己的父亲韦玄贞越级提拔为侍中。结果李显触怒了武则天，被废为庐陵王，并被赶出了京城。不过，在武则天还政于唐后，李显又登上帝位，但最终还是被自己媳妇韦皇后与女儿安乐公主合谋毒死。四儿子李旦从没有想过自己要当皇上，但是却莫名其妙地两度登临帝位。他对母亲武则天言听计从，丝毫不敢忤逆。武则天让他当皇上他就当，不让当了，他便上表将皇位禅让给武则天。后来，中宗李显死后，李旦不得已再度继位，不过没当几年，便又将皇位禅让给了自己的儿子李隆基。

而这岐王李范便是唐睿宗李旦的第四个儿子，也是唐玄宗李隆基的兄弟。他本来叫"李隆范"，后来李隆基登基，为了避帝王之讳便改称"李范"。杜甫诗中有云："岐王宅里寻常见，崔九堂前几度闻。"岐王的宅院之内，往来的都是豪门贵族和大唐赫赫有名的文艺名家，比如像王维这样的大诗人、像李龟年这样鼎鼎有名的音乐家等。岐王也时常乐于组织这样的唱和宴饮。他喜好精巧的书法，对写得一手好文章的有才之士以礼相待，不分贵贱，唯才而已。

得知王维从终南山回来，岐王兴高采烈地差人把他请来。岐王与他几乎形影不离，带他赴宴，有时还会命他作诗来与他人唱和。最著名的赴宴有两次，一次是在卫家的后山别墅，另一次是在杨家别业。

卫家山间别墅那次有许多达官贵人出席，这是王维露脸的好机会。他稍加思索便作诗《从岐王夜宴卫家山池应教》。

座客香貂满，宫娃绮幔张。
涧花轻粉色，山月少灯光。

积翠纱窗暗，飞泉绣户凉。
还将歌舞出，归路莫愁长。

　　来往的宾客非显即贵，主人家的宅院也极尽奢华，涧花山月，飞泉绣户，将人工美与自然美巧妙融合。如此的场景，王维自然不是第一次看到。王维跟随岐王，经常出入豪门宴饮，或飞扬文采，或尽兴于琴瑟，而这一切景象又尽归于王维的诗中。岐王自然喜欢带王维出去，也愿意把他引荐给身边的朋友及皇亲国戚，这不仅长了岐王的脸面，王维也能在其中寻求入仕的机会。

　　杨家别业那次是大家游玩时间相对较长、比较尽兴的一次，在王维所作的诗中也能够看出他们一直玩到凌晨才回城。唐代有宵禁，他们回来的时候城门还没开。王维在《从岐王过杨氏别业应教》中这样描述了当时宴会的场景："杨子谈经所，淮王载酒过。兴阑啼鸟换，坐久落花多。径转回银烛，林开散玉珂。严城时未启，前路拥笙歌。"

　　显然，众人都沉浸在游玩宴饮欢歌的氛围之中，已经忘了时间。待要散去之时，枝头的鸟儿已不是来时的那一群，而晚风吹落的花瓣已铺满地。归途上，曲折的山路间尽是火烛之光，直到穿过树林，他们这浩浩荡荡的队伍才四散开来。时至深夜，城门未开，他们余兴未消，照样一路笙歌。这诗或许是奉岐王之命而作，王维在诗中并未将这样的宴饮写俗了，而是在开篇就给此宴饮定下了调子：来的人都是像扬雄一样的雅士大家，岐王也像汉高祖刘邦的孙子淮南王刘安一样潇洒、精通文艺的贤王。既然此地是不俗之地，来的人也都是不俗之人，那么又岂会做俗事呢？这里蕴含了王维的处世之道。

王维所作的诗文都在描述每次宴会的奢华绮丽之风，可是他对于这些宴会究竟作何感想，恐怕只有他本人知道了。有些话，有些诗，奉命而为，不可不为，毕竟他还希望这些人日后助自己一臂之力。

即便有求于高门显贵，在涉及底线与原则的事情上，王维却仍然保留着文人的铮铮傲骨和不屈气节。遇到豪门权贵欺压百姓的不平事，他也会毫不犹豫地提笔作刀，化诗文为兵戈，毫不留情地刺向豪门劣绅。

我们在前文讲过，唐玄宗李隆基的哥哥宁王李宪身份显赫，生活骄奢，喜好女色。他霸占了卖饼师的妻室，并且还为此设宴，让大家以此作诗。后来，宁王还把卖饼师找来，本想羞辱他一番，却没想到他们夫妻二人相见，卖饼师的妻子哭得不能自已。参加宴席的宾客见到这种场景，都为这女子的命运感到可惜，只不过碍于宁王的身份，他们也不敢多说什么。

于是王维便写了一首《息夫人》，借古之典故讽喻如今宁王所做之事。不过，王维此诗巧妙的是，他并没有一开篇就直接讽刺宁王的所作所为，自然知道那样做的后果。即便他当时在京都也算得上有些才名，而且还有岐王罩着，但这宁王总归是不好惹的。宁王李宪本是唐睿宗李旦的嫡长子，按理来说应由他继承正统，可是他将继承人的身份让给了弟弟李隆基。在李隆基登基之后，他从不参与议论朝政之事，更不结党，把兄弟关系维系得极好，这可不是岐王可以比的。所以说，若真的触怒了宁王，岐王敢不敢帮王维且不好说，就算帮了也不一定有什么用。王维自然是清楚这一点，但又不能违背自己心中的准则，于是便用了作诗这个巧妙的办法。这个办法既没有让宁王产生反感，又让宁王有所反思，最终令他放回了卖饼师的妻子。而宁王也没有因此迁怒于王维，甚至还与他成了朋友。

三、少年豪情终未改

祖自虚病故后，王维深受打击，一段时间里都神情恍惚，不知道自己到底要做些什么。他一面想要归隐山林，从此不问世事，一面又因自小受到儒家文化的熏陶，且还有一番建功立业的宏图大志未曾实现，不甘心就此沉沦。

他信手翻书，读到《桃花源记》一文，心中对桃花源充满着无比的憧憬与向往，于是借着这份情感将这篇文章改写成长诗《桃源行》。

> 渔舟逐水爱山春，两岸桃花夹古津。
>
> 坐看红树不知远，行尽青溪不见人。
>
> 山口潜行始隈隩，山开旷望旋平陆。
>
> 遥看一处攒云树，近入千家散花竹。
>
> 樵客初传汉姓名，居人未改秦衣服。
>
> 居人共住武陵源，还从物外起田园。
>
> 月明松下房栊静，日出云中鸡犬喧。
>
> 惊闻俗客争来集，竞引还家问都邑。
>
> 平明闾巷扫花开，薄暮渔樵乘水入。
>
> 初因避地去人间，及至成仙遂不还。

峡里谁知有人事，世中遥望空云山。

不疑灵境难闻见，尘心未尽思乡县。

出洞无论隔山水，辞家终拟长游衍。

自谓经过旧不迷，安知峰壑今来变。

当时只记入山深，青溪几度到云林。

春来遍是桃花水，不辨仙源何处寻。

陶渊明的《桃花源记》所描绘的武陵源为一处与世隔绝的人间乐土、世外桃源，那必然是不可多得的，如《桃花源记》中所述，再寻定是不见其踪迹。

这是天意，亦是王维自己的心路所致。

桃花源虽美，可是大丈夫总不能一心贪图享乐，凡尘俗世之事终究是要有人来承担的。王维没有直接表明心迹，也不知道能向谁来袒露心扉，只能将自己心底的想法化成蛛丝马迹散落于诗文的字里行间，借着渔人的行迹表明哪怕自己心想归隐，却因为各种原因终究不能得偿所愿。但"祸兮福所倚，福兮祸所伏"，不能如愿以偿对于王维来说也未必就是件坏事。

从小接受的儒家思想的熏陶，王维无法在这个风华正茂的年纪中选择退缩。想当年他读《李陵传》的时候，就被英雄蒙冤受屈的悲哀所深深震撼。世上悲哀事莫过于英雄末路、美人迟暮，如今还要再加上一片丹心蒙冤不白……有感于此，他写下了为李陵将军抱不平的《李陵咏》。

汉家李将军，三代将门子。

结发有奇策，少年成壮士。

长驱塞上儿，深入单于垒。

旌旗列相向，箫鼓悲何已。

日暮沙漠陲，战声烟尘里。

将令骄虏灭，岂独名王侍。

既失大军援，遂婴穿庐耻。

少小蒙汉恩，何堪坐思此。

深衷欲有报，投躯未能死。

引领望子卿，非君谁相理。

　　李陵是西汉名将"飞将军"李广的孙子。他曾被汉武帝刘彻称赞有"李广之风"。李陵驻守边关，让匈奴闻风丧胆。他率领五千步兵，深入匈奴腹地，与匈奴数万精兵血战，将敌军打得溃不成军。匈奴又召集擅长射箭的百姓围攻，李陵还是从容与之周旋良久，让轻伤者继续上阵杀敌，重伤者上车，次重伤者驾车，最后连箭矢都已经用尽。在援军迟迟不到的情况下，为了保全仅剩的部下，李陵无奈诈降匈奴。汉武帝闻之大怒，将李陵一家满门抄斩，甚至为李陵求情的太史令司马迁也被下狱。

　　显然，王维也为李陵所遭遇的冤屈鸣不平，可是古往今来有多少英雄蒙受不白之冤，又有谁能够替他们申辩呢？这是王维的一声呐喊，却又显得有些无可奈何。

　　"结发有奇策，少年成壮士"，这未尝不是青少年时期的王维所抒发的崇高理想？此时，王维已经二十一岁，仍然在长安继续与诸位亲王往来，等待下一场科举考试的到来。

　　开元八年（720年），突厥大军侵袭凉州，杀人越货，抢劫羊马数万后扬长而去。这件事情传到朝廷，朝野震动，唐玄宗龙颜大怒。王维听说了这件事也大为震惊，恨不得自己能够上阵杀敌，以一腔热血振臂高呼，杀得蛮夷溃不成军。久不得志的王维似乎找到了排解心中苦闷的出口，他借机写下了寄托自己满腔豪情壮志的《燕支行》。

> 汉家天将才且雄，来时谒帝明光宫。
> 万乘亲推双阙下，千官出饯五陵东。
> 誓辞甲第金门里，身作长城玉塞中。
> 卫霍才堪一骑将，朝廷不数贰师功。
> 赵魏燕韩多劲卒，关西侠少何咆勃。
> 报仇只是闻尝胆，饮酒不曾妨刮骨。
> 画戟雕戈白日寒，连旗大旆黄尘没。
> 叠鼓遥翻瀚海波，鸣笳乱动天山月。
> 麒麟锦带佩吴钩，飒沓青骊跃紫骝。
> 拔剑已断天骄臂，归鞍共饮月支头。
> 汉兵大呼一当百，虏骑相看哭且愁。
> 教战虽令赴汤火，终知上将先伐谋。

诗中描写的是怎样的一位英雄呢？大将之才，出征之时天子及百官送行，归来之时天子接见。而将军呢，也是不负众望，在边关立下赫赫战功。像贰师将军李广利这样的庸碌之辈与之相比，根本就排不上号。这个李广利是汉武帝宠妃李夫人的哥哥，被武帝任命为贰师将军。他初次征战大宛，还未打到大宛都城，就因为粮食问题而损兵折将，最后无功而返，而士兵仅剩十分之一。天汉二年（公元前

99 年），汉武帝让李陵为李广利大军运送粮草，李陵自然不愿意只做粮食的搬运工，而且还是给李广利这样的庸碌之辈卖力。于是，他立下军令状——直接率五千步兵出征，不料却间接导致了后来的力竭被俘。王维歌颂李陵这样的英雄人物，对李广利之辈的态度在诗中则可见一斑。

什么是真英雄呢？卧薪尝胆也势必要报仇雪恨，刮骨疗毒之时也能淡定畅饮。在战鼓擂动、旌旗摇曳、甲胄兵刃的寒光闪烁之间，将军骑马一跃而出，剑凡出鞘必斩杀敌人于马下，让敌人闻风丧胆；而凯旋之时，定然也已经取下了敌人首领之首级……

在王维看来，光有勇武之力、匹夫之勇，还不能称之为"英雄"，他还要懂谋略，能以计谋韬略战胜对手，而不是用兵士的血换取战争的胜利。当然，这个观点并不是王维独创，而是出自孔子。"子路曰：'子行三军，则谁与？'子曰：'暴虎冯河，死而无悔者，吾不与也。必也临事而惧，好谋而成者也。'"孔子的观点便是：若与将军出征，他不会选择那种徒手战老虎的"打虎英雄"，以及那种徒步涉水过河的逞强好胜之辈，而要选择那种遇事谨慎、能够冷静清醒地分析战局、去谋划以最低风险最小的死伤来取得战斗胜利的将军，这样的将军才是真英雄；而置兵士生死于不顾，即使是不畏生死之辈，也算不得真英雄。

开元九年（721 年）二月，突厥毗伽可汗派遣使臣前来求和。朝廷特别下令免除百姓在开元七年（719 年）之前所拖欠的赋税，这对于大唐百姓来说是一件天大的喜事。同年五月，朝廷也对被关押在监狱中的部分囚犯进行了大赦。消息传出，普天同庆。京中也因此设宴，欢庆数日，王维自然位列在被邀的名单中。

大军班师回朝之时，京中百姓夹道欢迎。突厥使臣觐见当日，文武百官衣着凛然，进退有度，尽显大唐的大国风范。王维有感于此，作《少年行》四首，借以表达自己对少年英雄的向往和对以身报国的憧憬。

其一
新丰美酒斗十千，咸阳游侠多少年。
相逢意气为君饮，系马高楼垂柳边。

其二
出身仕汉羽林郎，初随骠骑战渔阳。
孰知不向边庭苦，纵死犹闻侠骨香。

其三
一身能擘两雕弧，虏骑千重只似无。
偏坐金鞍调白羽，纷纷射杀五单于。

其四
汉家君臣欢宴终，高议云台论战功。
天子临轩赐侯印，将军佩出明光宫。

诗句大意是，十五岁初到长安时的场景历历在目，少年游侠之意气，遇到志同道合者，来不及洗去一路满身风尘，也不待放下行李，便匆匆系马于楼下，上楼饮酒畅谈去了。大家谈的不是风花雪月，而是少年的豪言壮语，向往的皆是有朝一日为国出征，征战沙场。即使入敌人千军万马之中，也毫不慌乱。因为少年将军武艺高强，箭出必中，终会在百万军中取下上将首级。待到凯旋之时，必会得到天子的论功封赏，拜将封侯。

从少年豪情纵饮到心怀壮志，从战场杀敌到功成名就，王维将自己的一腔报国热情、满腹崇高的爱国情怀尽数灌注在诗中，仿佛诗文字里行间描绘的那个有幸实现理想的少年英雄就是他自己。

十五岁离家，漂泊于两都之间，如今已过了六个年头，命运的笔墨终于落到了王维的身上，属于他的时代终将来临了。

第二卷

春风得意时

第一章　王侯座上宾

一、柳暗又花明

王维年少颇有名气，来到京都更是被人追捧，可以说是在鲜花与掌声之中长大的。而他能够在两都之中声名远扬更是离不开贵人相助，这个贵人就是唐睿宗第四子——岐王李范。

京都才子众多，王维这一个外乡人初来乍到，就算惊才绝艳，也只是颗被装在盒子里的珍珠。他还需要一个契机，或者说一个贵人。王维毕竟年少，思想单纯，本以为自己在家乡年少有名，到了两都这里即便不是人尽皆知，至少听过他诗作的人也都应该对他有所夸赞。然而，京都之内人才济济，超出了他的想象。为了在长安崭露头角，王维想要拜访父亲和祖父的老相识，却处处碰壁。

招贤馆贴出告示，希望有才之士投稿诗文佳作，以供各位贵胄鉴赏，如果被某位豪门贵胄看中了，还会被请进府中做门客。王维一看，这是个好机会啊。他连夜写了好几首诗词递上去，可是全都石沉大海。看着周围的人一个个都接到了邀请，年少的王维备受打击，深深陷入了自我怀疑中。

后来，他心灰意冷，去了终南山归隐，希望借着这条捷径实现理想。也就是在那里，他遇到了第一位至交好友祖自虚。两人相处日久，交谈甚欢，彼此引为一生知己。祖自虚见他愁眉不展，郁郁寡欢，就问他发生了什么事情。王维便把自己在长安怀才不遇、处处碰壁的经历告诉了他。

祖自虚笑了，说："你只道京都繁华，却不知其中也是一潭浑水。罢了，既然你有此志向，我给你指一个人，或许他能够帮你。"

京都多豪贵，祖自虚所说的人正是岐王。不过古话说，阎王好见，小鬼难当。岐王虽然礼贤下士，但他身边的人可不是吃素的。要想顺利见到岐王，须主动登门投递诗文。但即便文采再出众的人，在岐王府那些人眼中也不过是一个有点才学的门客，只有让岐王亲自下帖来请的人才能引得旁人高看一眼。

据祖自虚所知，这位岐王勤奋好学，孜孜不倦，擅长书法，又喜欢结交儒生。他对前来投奔他的儒生门客，无论贵贱尊卑都以礼相待。岐王平时不仅与文人墨客一起饮酒作诗取乐，还喜欢收藏书画，其府中收藏了不少的稀世珍品。

得知岐王的喜好后，王维喜不胜收。因为书法、绘画、作诗等这些东西都是他较擅长的领域，这算是"专业对口"了。现在最重要的事情就是如何让岐王亲自来下帖了。

祖自虚说一般招贤馆招贤纳士，岐王都会参与其中，这次不在或许是外出游猎去了。毕竟豪门贵族天天游手好闲，除了这些也没什么别的事情可做了。但算算日子，岐王最近也该回来了。岐王府的管家每次都会跟随岐王游猎回来之后到酒楼喝酒，炫耀自己的"战果"，如果能够让他代为引荐就一定能够见到岐王。

二、少年多智谋

祖自虚说，岐王府的管家跟随岐王已久，耳濡目染之下也受到了熏陶，虽然自己不能够吟诗作对，但是识别一个人的文化水平还是绰绰有余的。岐王平日喜欢美酒、美人，如果能够在这两方面下手，一定能够获得他的青睐。

王维一一照做。他首先快马加鞭托人从家乡捎来桑落酒，在此期间又结交了一群朋友用来凑数。王维初到京都，哪有时间结交知心朋友？这些朋友有的是他凭一张嘴"忽悠"来的，有的是他花了点钱雇来的，还有的是他故意放出请客吃饭的风声引来的。

万事俱备，王维便到岐王府中的管家常来的酒楼请了几个人吃饭。店里的博士收了他的打赏，看到岐王府管家过来就给王维使了个眼色。王维心领神会，与众朋友开始作诗行酒令。跟这伙临时凑来的人在一起行酒令，王维在他们面前可真是"降维打击"，有他们作为陪衬，就算王维的才华一般，也能被衬托得学富五车，更何况王维本身就有才华呢。

岐王府管家被安排到了王维的邻桌。他听到那些人所作的对子，实在是不堪入耳，也就没放在心上。直到王维出手，一下子便引起了他的注意。管家竖起耳朵仔细琢磨：这人的水平不一般，与他们简直是云泥之别。

不过这管家也是见过世面的。京中才子众多，有王维这么一号人物也实属正常。他不动声色，继续跟朋友喝酒、聊天。

酒令行了一圈，王维毫无意外地胜出。见作诗没能引起岐王管家的注意，他便启动了第二计划，让其中一人提出当场作画的要求，在场的客人都是评委。对此，王维加了赌注，胜出的有美酒奉送。现场陪他演戏的人自然都同意。

作画的主题是"佳人"。听说岐王府管家喜好清秀佳人，王维这些日子访遍大街小巷寻访美人无果，却在昨日给祖自虚买药的时候，在药铺里见到了一位姑娘，长得正好符合他的要求。于是今天他便把这位姑娘画了出来，只见她衣袂飘飘，仙气满满，宛若洛神下凡。

岐王府管家跟随着岐王经常出入青楼，什么样的美色没见过，对于他们提出的"佳人作画"更是提不起兴趣。这里要提一句，在古代，妓院是纯粹的皮肉交易，青楼则不同。青楼里的姑娘们都是色艺双绝，琴棋书画歌舞乐至少有一样拿得出手。青楼里的姑娘一向卖艺不卖身，要想进青楼，光有钱有头有脸可不够，还要有才。也正是因为这样，管家沾了岐王的光，在美色方面见多识广，普通的女子还真入不了他的眼。但当他看到王维画中的女子时，顿时眼前一亮：画中女子真乃洛神也。

众人将手中的画作纷纷展示出来，结果毫无疑问又是王维胜出。王维故作遗憾地说："没办法，看来这一坛子桑落美酒就只能留我自己对画独饮了。"

宴席结束后，王维结账回客栈。在路上他就发觉身后有人跟着。回房之后，王维把桑落酒打开、倒好，酒香顿时飘满整个屋子。这时候他听见有人敲门，果然不出所料，是岐王府管家找上门来了。

管家解释说自己是在酒楼邻桌吃饭的客人，听了他作的诗文和看了他的画作，觉得他很有才，这才跟过来想跟他交个朋友。王维见对方没有直接表明身份，就装糊涂，把他当成一个普通朋友看，请他进房间来喝酒。

开门的一刹那，管家就闻到了酒香。他们聊了一些诗文、绘画上的事情，王维还特意拿出预先准备好的诗作给管家鉴赏。管家建议王维可以考虑一下去应试。王维露出愁容，对他说了先前被招贤馆拒稿的事情。

管家听后若有所思，安慰了王维几句，离开前又拿走了他的几篇诗文。

王维心中忐忑，也不知道这样算不算成功，他只能耐心等候。结果不到半个月的时间，机会就来到了他面前。

管家再次登门之时，已然换了一副面孔，对王维客气地拱手道："上一次未向您禀明真实身份，实在有愧。其实我是岐王府上的管家。"王维听到他这么说，自然不能说自己早就知道，甚至与他的相识也是自己设计好的，而是很配合地摆出一副吃惊的神情，又连连向他拱手施礼。

管家随即又将一封信递上，说岐王已经看过他的诗文，对他的诗作、文章很是欣赏，而且早就听说过王维的名号，却一直未能得见，最近要办宴会，特意请他赴宴。王维一直悬着的心终于落了地，他应邀后郑重地向管家再三拜谢。

岐王宴会广发请帖，但凡京都有名有姓的文人墨客人手一张。收到请帖并不是什么稀罕事，对于王维来说却是命运的一大转折点，也是他步入仕途的一个关键点。

三、丹青琵琶手

王维为这次宴会做足了功课。首先个人形象不能跌份。赴宴当天，他特意换了一身得体的新衣服。初到宴会的王维并没能立即引起岐王的注意，一来才子众多，二来王维年纪轻轻，形象衣着也都算不得上乘，瞬间便隐没于众人之中。

开席之后，岐王命乐师奏乐。席间，众人听得如痴如醉，正准备拍手叫好，然而奏乐却被岐王中途叫停。

"弦音阻滞，晦涩难当，下去！"

这群乐师满脸羞愧地下了席。管家另换了一批乐师重新奏乐，但岐王的脸色依然很难看，怒斥乐师技术不精，演奏的乐曲听着还不如坊间伶人。席间众人才刚到嘴边的夸赞都默不作声地咽了回去。满座的宾客在一旁打圆场，声称是岐王听惯了仙乐之声，要求严苛；又吹捧有岐王这样的人，简直是文坛曲苑之大幸。

乐师手足无措，重新调整弥补，可是却越奏越糟糕。岐王的脸色也越来越难看。在场宾客大气都不敢出一口。

就在这时，王维被席间这群人的嘴脸给逗笑了。他在席间的一声冷笑就像一颗惊雷炸裂。在座诸位见他衣着普通，压根就没把他放在心上，但岐王却瞧见他眉宇之间有一丝不落俗套的英气，让人不可小觑，于是就问他为何发笑。

王维不卑不亢地起身，将乐师的失误之处一语道破。满座宾客一看，王维只不过是一个二十岁的毛头小子，却如此口出狂言，不禁十分惊讶。

王维这一大胆的举动果然引起了岐王的注意。岐王从管家处得知，他就是那个作画和诗文都不错的少年郎君，心里不免对他高看了一眼，更加不计较他刚才的狂妄之言，甚至还觉得自己捡了个宝，有意收他到府中做个门客。

王维主动请缨弹奏一曲，岐王应允。只见王维接过乐师手中的琵琶，动作熟练地调试了一番音弦。试弹一下，整个琵琶发出的声音就跟之前的大不相同。王维信手弹琵琶，高昂时如大江奔腾，低缓时若清泉流淌。一曲琵琶语，满座尽痴颜。曲罢，岐王带头鼓掌叫好。看到岐王的态度，王维知道此行目的已达成。

宴会结束之后，岐王单独约见王维，向他表明了心意，希望他能够留下来做门客，日日与他吟诗作对，饮酒赏花。王维谢过岐王的好意，但拒绝了他的邀约，一方面他还惦念着身在终南山的祖自虚，另一方面他还要考取功名，担心如果给岐王做了门客，难免会遭到一些无妄之灾。

岐王惜才，没有因为王维的拒绝而面有难色，反而热情地表示希望他以后常来府上，甚至对王维许下诺言，以后岐王府举办的宴会永远会给他留一个席位。

对此，王维很感动。几日之后他再次登门岐王府。那时，岐王正在书房赏画，听说王维来了就到前厅去见他，结果刚走到前厅就看到屋里放着一块大石头，自己还险些撞上去。岐王不解自己的屋里怎么会有一块巨石，管家也纳闷，正要找人把石头搬走，却看到王维从巨石后面走出来——准确地说他从一幅画后面走出来。原来，那块巨石是王维带来的画作。

　　这个小插曲使得岐王对王维更加赞赏。王维由此成为岐王的座上宾，时常跟随他出入各种王侯贵胄举办的宴席，结交了不少权贵，为他日后的仕途之路打下了一定的基础。

第二章　初见九公主

一、一言抵万金

得到岐王赏识的王维很快就遇到了他人生中的第二个贵人，这人就是岐王的妹妹——唐睿宗李旦的第九女。她与李隆基一奶同胞，景云二年（711年）被改封为玉真公主。

王维之所以有机会认识玉真公主，一个叫"张九皋"的人功不可没。

话说，王维到达京都之后就着手准备京兆府试。

考试前几天王维正在复习，却听到了一个对他不太有利的消息。原来，客栈隔壁也住了一个考生，与王维同姓，家庭背景十分普通。王维与这个考生不是特别熟悉，每天进进出出也会打个照面，一来二去，两人也就熟悉了。这考生叫"王生"，比王维年长，二人以兄弟相称。这天晚上王维像往常一样出去买纸张，宵禁之前回来的时候看到王生一个人在喝闷酒。

在王维的印象里，王生一向勤学苦读，对吃喝从不在意。现在他喝成这样，一定是出了什么事情。出于好心，王维点了几个小菜跟王生共坐一桌，好奇地询问他道："发生何事？兄台为何一个人在此喝闷酒？"

王生心情苦闷，酒意上头，对他毫不隐瞒。他醉醺醺地哭诉："我寒窗苦读这许多年，还不如人家一张纸厉害！"

"一张纸？"

"你初来乍到还不知道吧？这届考生中有一个叫'张九皋'的，他兄长是做官的，跟京都里的官员来往甚密。这些官员给他搭上了玉真公主的门路。你知道玉真公主吗？那可是皇帝的亲妹妹，她的一句话能抵过旁人的一万句话。我听说玉真公主已经派人给京兆府送话了，今年的头名就是他。唉，果然是朝中有人好做官！像我们这样的怎么比得过人家？！"

唐代，虽然武则天首创了科举糊名制度，但是该制度并未在所有考试中施行。而且当时行卷之风盛行，主考官除了看考生科举时用的试卷，还要以考生平时创作的诗文作为衡量标准。那么，考官要怎么才能看到考生平时的作品呢？考生本人亲自送去自然不行，必须由达官显贵之人推荐。也就是说，考生除了有才华，还得比拼人脉，而能找到有分量的人推荐尤为重要。

当时，王维已有岐王作为靠山，可是一听到玉真公主推荐，也是心慌不已。为什么心慌？这就要从当时的历史背景说起了。按理说，王维与岐王和宁王这两位皇上的兄弟都熟，不过咱们前面也说了，唐玄宗最忌讳自己的兄弟结党参与朝政，为此还特意搞了一个"五王宅"，将自己的兄弟们的府宅都聚集在一起，与皇宫相邻。这么做，表面上看似是促进兄弟间亲睦，实则是为了方便监视他们的一举一动。因此，倘若岐王或者宁王推荐了王维，那么则是触了玄宗的逆鳞，王维恐怕也得遭殃。当然，岐王和宁王也根本不会这么做，就算他们不直接推荐，也能帮王维找到其他的达官贵人去推荐。可是，无论找什么样的达官贵人，恐怕这分量都不如九公主。

玉真公主是唐玄宗的一母胞妹，他们的母亲是窦德妃，窦德妃在他们很小的时候因被诬告用法术诅咒武则天，被武则天秘密处死了。可想而知，玄宗作为老大，和岐王及两个妹妹那么小就没了娘，自然就相依为命。玄宗与玉真公主的感情一直非常好。玉真公主出家修道，他不但为其建了极其豪华的别馆，还让其仍旧享受公主的各项待遇。这可不是岐王、宁王等这些兄弟可比及的。据历史记载，玉真公主确实多次向唐玄宗进言，帮助过不少文人、大臣，而唐玄宗对这个妹妹的话也的确很是重视。如《新唐书·颜杲卿传》写道："魏徵远孙瞻罪抵死，杲卿为请玉真公主，得不死，时人高其节。"这可以证实，魏徵的远孙魏瞻因罪获死刑，颜杲卿替他向玉真公主求情，最终是玉真公主出面，才为魏瞻免除了死罪。《新唐书》中也记载了另外一段历史：信安王李祎是唐代宗室，军功卓著，素为当时的宰相宇文融所忌惮，后者担心李祎早晚对自己在朝堂的地位不利，于是便勾结御史李宙参了李祎一本。然而这个消息提前让信安王知道了，于是他便找到玉真公主和高力士哭诉。玉真公主也将这件事告诉了皇兄李隆基。第二天李宙果然如此上奏，唐玄宗因此震怒，罢免了宇文融相位，将其贬到了汝州。这也能看出玉真公主当时在玄宗心中的地位，以及在朝堂之上的话语权。

话说回王维，他正在试图安慰王生："你这消息来源可靠吗？要知道传闻不可尽信啊！"

"当然可靠！这可是他自己说的。我亲耳听到的还能有假？今天他们都在酒楼里提前摆下庆功宴了，这还能有错？"王生闷头灌下一碗酒，然后借着酒劲儿哭了起来，"我考了这么多年都没考中，眼看着今年有点希望了，却没想到会是这样的结果！我真是没用！"

"京兆府试还没开始，你还有机会，就这么直接放弃了，岂不是更加可惜？"王维自认为才学不在他人之下，如果这个叫"张九皋"的人真的比他才华横溢，他无话可说。于是王维一边劝着王生，一边心里盘算着找张九皋的文章瞧一瞧。

"你可有张九皋所作的文章？"

"有，在我房里。你问这个做什么？"王生问他。

王维笑着说道："能让玉真公主为他说话的人想来也是有几分才学的，我想看看他到底有几斤几两……"

两人上了楼。一路上王生还在哭诉，他本来就对这次的考试没有信心，现在大家各有门路，那他还考个什么劲儿，还不如回家种地呢！回房之后，王生把张九皋散发给他们的诗作从一堆垫桌脚的废纸里翻出来拿给王维。王维一手扶着桌子一手接过来，轻轻地将桌子摆好放稳，仔仔细细地翻看诗作。王生喝多了酒，在一旁的榻上倒头就睡，鼾声骤起。

王维在王生的房间反复斟酌张九皋的大作。平心而论，张九皋的诗作确实不怎么样，文章写得也还算中规中矩。王维在心里权衡了一下，认为自己与他相比并不逊色。说句不客气的话，就凭张九皋这样的水平都能让玉真公主为他说话，那么自己更是绰绰有余。不过，如果贸然前往玉真公主府恐怕太过冒昧，还需要一个中间人牵线搭桥才好。

二、与王诉衷肠

王维为张九皋之事在房间里辗转反侧，一夜未眠。岐王跟玉真公主关系本来就不错，岐王又如此重视自己，让他引荐一下自己，岂不是极妙？王维也是敢想敢干，反正也睡不着觉，不如起来写几首诗，明日一早带去岐王府。

王维来到岐王府，与岐王饮酒作诗取乐，看到满园花开，他故意念出昨夜准备的诗作。岐王与王维相交多时，瞬间就听出了其中的微妙变化，于是便向他询问："你往日诗文作得要么士气高昂，要么恬淡幽静，怎么今日满腹忧愁？莫非是遇到什么难事了？"

王维满面愁容地说："不敢欺瞒王爷，王维确实是遇到些事情，心中有些郁闷。"

岐王说："哦？是什么样的事情，说来听听，或许我能帮上忙呢。"

王维据实相告。岐王听后陷入沉思："张九皋这人我听说过，之前他也有向本王投过一些诗作，不过都是些平常迂腐之言，没什么可看的，我也就没在意。说起来，他的文采确实不如你，但是这人是九皇妹亲自举荐的，要是直接让她反悔换人恐怕也不太现实……"

王维一见岐王犯难，连忙说："王爷说的是。王维深知公主一诺千金，也从未敢有此奢望。"

岐王却说："你莫要妄自菲薄。若论学问，你绝对不比张九皋差。我这九皇妹最爱才，她若是见了你，必定会后悔之前做的草率决定。这样吧，你回去从旧作中精挑细选出十篇清新隽永的诗文，再准备一首曲调哀怨悲切的琵琶曲，五天之后你再来。"

岐王既然如此说，想必是已经有了主意，于是王维便依照岐王的嘱托回去认真准备，在五天后如期而至。岐王见到王维，脸色变得不大好。王维摸不准岐王这种表情是什么意思，心里直打鼓，低头看看自己，衣着整洁，没有任何不妥的地方啊……

"王爷为何这样看我？可是我身上有什么不妥的地方？"

岐王说："你来见我自然是没什么不妥的。但今天要见我那九皇妹，如果我直接把你引荐给她，她与别人有诺在先，恐怕即便对你赏识，也不会当场反悔，直接加恩于你的。我想了个办法，不过可能要委屈你了。"

岐王的意思是让王维扮作乐师，先以他的音乐才能征服九公主，之后循序渐进，或许能收到出其不意的效果。王维连连向岐王行礼致谢，并对岐王的主意赞不绝口。

于是王维便跟着管家去客房换上岐王为他准备的一套乐师服装，混迹于乐师之中，这样既不会让人觉得太突兀，又能保证王维的相貌、气度在乐师之中出众。

岐王看后也为自己的想法而感到得意，想象着今日宴会之景，不免还有些期待自己的"杰作"。

"剩下的事，就要靠你自己了！"岐王对王维的才能是非常有信心的，便带着他一同去赴玉真公主的宴会。

三、惊艳郁轮袍

玉真公主的宴席已经开始。席间鼓乐高歌。一曲终了，岐王趁机提出自己也带了乐队。他故作神秘的模样勾起了玉真公主的兴趣，玉真公主这回执意要听听他的乐队是不是真的如同他平日所说的那样"世间无二"。

岐王的乐队入席，王维位列首位。长得好看的人在哪儿都很瞩目，玉真公主一眼就瞧见了王维，便向岐王询问。

岐王会听弦外之音，没有直接挑明王维的身份，只是对玉真公主说："这是一个知音者。"

玉真公主一听就明白，这人不简单。既然是知音者，那就不该跟一群人搅和在一起，于是她下令让王维单独演奏一曲。

王维早有准备，弹了一曲琵琶。如同岐王之前交代的那样，曲调弹得哀怨悲切，听得满座宾客没有不感动落泪的。玉真公主已经两眼含泪，以手帕遮面。一曲终了，她急忙向王维询问这首曲子的名字。

"回殿下，这首曲子名叫《郁轮袍》。"

玉真公主若有所思，嘴里还在不停地念叨着《郁轮袍》的名字。岐王趁机为王维说话："他不仅通晓音律，还精通诗词，我府上门客没有能及得上他的。"

玉真公主大为惊奇，寻常人只精通一门便是极致，他竟然还会作诗写文？能得到岐王的赏识一定不是寻常之辈。公主对眼前这个唇红齿白的翩翩少年越发地感到好奇了。

她询问王维："你可带有平日里作的诗文来？"

王维便将怀中预先准备好的、经精挑细选的诗文呈给玉真公主。玉真公主看过之后大为吃惊，感慨地说道："这些都是我平日里读诵的诗文，我原以为是哪个古人的佳作，却没想到竟然是你写的！来人，带这位郎君下去更衣，赐首席。"

王维重新入座，风流倜傥，谈吐风趣，让周围的高官显贵都自愧不如。

珍珠已经展露光华，岐王趁机感慨地说："倘若京兆府今年能得到他这样的一位解元，那将是我大唐之幸啊！"

玉真公主问岐王："既然如此，为何不叫他去应试呢？说不定真的会脱颖而出！"

岐王说："他若没有把握考取第一名是不肯轻易前去应试的。我听说九妹你推荐了一个叫'张九皋'的人为解元？"

玉真公主顿时就明白了岐王今天不是来赴宴的，而是来给这个叫"王维"的儒生当说客的。于是，她笑着说："其实这件事情跟我没什么关系，我不过是受人所托罢了。"说完，她又回头对王维说："要论才学，真正应该录取的还应当是你。我一定会尽力为你争取的！"

事后，玉真公主将京兆府试官召到府上，派遣心腹传达了自己的意愿。不过，中途不知道出了什么岔子，王维当年并没有高中，而是在第二年的考试才金榜题名。福祸相依，就是这一年时间的沉淀，让王维在两都中又结交了更多的名门显贵，不仅增长了自己的见闻，提高了儒学修养水平，同时也为下一次考试积累了更加雄厚的人脉资源。

当然，这一段不过是野史传闻，其真实性不可考证。总而言之，王维能考中，其才华自是出众。不过，那张九皋也不是凡人，他是唐代名相张九龄的弟弟，同样才华出众。而张九龄一直是王维的榜样，后来也对王维助益良多。且不说一向刚正的张九龄是否会为了弟弟而去请求玉真公主走后门，若真有这档子事，那么恐怕他之后也不会与王维有那么多的交集了。

第三章　红袍骑白马

一、金榜题名锦鲤之约

开元九年（721 年），到了科举放榜的日子。皇城告示处早早就有举子围在附近，等着张贴皇榜。王维也在其中。待礼部官员贴好黄榜，众人即刻紧盯榜文，急切地在字里行间搜寻着自己的姓名。榜上有名的自然欢呼雀跃，名落孙山的则只能摇头叹息。王维双拳紧握，一言不发，目光一一扫过榜上的名字，神情严肃，丝毫不敢放松。终于，他看到了自己的名字。这一刻，他的两眼绽放光彩，脸上露出了欣慰的笑容。

王维，开元九年，擢进士。

他回到客栈，兴冲冲地等待着有关部门派人来传讯。很快，好消息就传到了——新科进士，骑马游街。

王维与同榜的人一起穿红袍、戴彩花，骑马列队游街。街道两边都是凑过来看热闹的百姓。礼部派出官吏在前方敲锣打鼓，引领众位新科进士绕城而行。新科进士的欢笑声、百姓们的欢呼声和锣鼓声、鞭炮声交织在一起，整条街道热闹得很，与过年相比那是有过之而无不及。

忙活了一天，王维刚回到客栈就被店主人给拦下了。原来，在他跨马游街的时候有很多人前来送礼祝贺，但是由于他的房门上了锁，这些人只好把礼物寄存在店主人处。王维给银两谢过店主人，把礼物拿回房间。这些礼物以金银绸缎居多，另有部分笔墨纸砚。送礼的人大多是王维之前结交的豪门贵胄。王维暗地里琢磨，这些东西八成不是他们亲自挑选的，应该是让手下人无差别搜罗，给每一个新科进士都送了一份。王维对此并不在意。但有一个人的礼物，王维却十分在意，那就是岐王。

王维在店主人整理出来的礼单上查到了岐王送的是一幅画。打开来看，那画画的是那天在玉真公主府上奏乐的场面。岐王这是提醒王维在仕途得志时也要"吃水不忘挖井人"。

王维去书斋精挑细选了一份文房四宝当作给岐王的谢礼。他回来的时候正好看到对门的房门大开，店里的杂役端着水盆从里面走出来，于是便上前询问："住在这个房间里的客人去哪儿了？"

"哎哟，这不是新科进士嘛，给您道喜了！您说这位啊，这位客人早就退房离开了，临走的时候还扬言说再也不考了。"

王维为王生感到可惜，虽然王生算不上文采飞扬，但看今年榜上有名的末尾几人，王生也未必不如他们。倘若敢放手一试，未必不能榜上有名，一跃龙门。

他回到房间，刚把手中的东西放下，就听到敲门声响起。开门一看，是来送请帖的小厮。发帖人多是城中有些家底的豪门，王维认得他们，这些人都曾在招贤馆出现，其中不少都曾经拒绝过他的投稿。王维没有当场拒绝，而是照单全收。以后入朝为官，免不了要跟他们打交道，没必要这样撕破脸。况且，常言说"宁得罪君子，莫得罪小人"，因此更没必要与他们结怨。

请帖虽然收下，可王维没打算前往，他还有更重要的事情要做。当晚，他沐浴更衣，早早地就携带着谢礼登临岐王府拜谢。管家一见到他就笑脸相迎，对他说："王爷料定你会来，正在后花园金鱼池等你呢。"

王维将礼物交给管家，跟着他来到后花园，见到岐王正在钓鱼。钓鱼喜静，王维不敢贸然打扰。他刚刚站定就看到岐王的鱼竿动了。岐王将鱼竿提起，果然有一条鲤鱼被拽了上来。还没等王维开口夸赞，只见岐王把鱼竿一甩，那鲤鱼在空中跃出一条优美的弧线，"扑通"一声重新掉回了水里。王维这才注意到，岐王的鱼竿没有鱼钩。

鲤鱼落入水中，又有更多的鲤鱼汇聚而来，一条一条接二连三地跃出水面。岐王将手中的鱼食尽数撒入水中，鲤鱼一拥而上，分食完毕后就四散离开，潜入水底。水面又恢复了平静。

岐王把鱼竿放在一旁，转头好像才刚看到王维似的："你来了？坐。"

王维奉命而坐，目光却依然盯在鱼竿上。"王爷，您这鱼竿挺特别的。"

"古有姜太公不用鱼饵，离水三尺垂钓，负命者上钩；今有本王未用鱼钩，银丝鱼线入水，愿者来往。"岐王说，"我这里有一池鲤鱼，常与我来往的只有那么几条，我没什么给予它们的，只是常在池边吟诗作对、吟诵古人佳作罢了。"

王维看看池中鲤鱼，再看看岐王：或许对于岐王来说，自己也是其中一条鲤鱼。于是他说道："自古知己难得，能有两三知己已是平生一大幸事。王维蒙王爷知遇之恩，斗胆愿做池中鱼，还望王爷不要嫌弃。"

岐王笑说："你是新科进士，岂是池中之物！只盼你日后平步青云，也别忘了每年寄些墨宝与本王消遣就是了。"

"王维愿与王爷笔墨相交！"

二、杏园探花贵人相助

唐代进士放榜之后，新科进士通常会在杏园举行聚会，史称"探花宴"。"探花"一词为人耳熟，即进士科一甲第三名，但这个称呼最初没有这方面的含义，直到宋朝才被用在科举考试中。"探花"一词最早出现于唐代，在当时，通常会从参加杏园宴会的新科进士中挑选出两名容貌俊美的人到园中采花，以迎接状元，被选中的这两个人又被称为"探花郎"。通常来讲，被选中的都是进士科中年纪最小的两个人，与名次没有关系，只是后世有些颇有闲情逸致的皇帝为了成全"探花郎"的美名，特地选取容貌姣好的进士作为一甲第三名，由真正的"探花郎"来探花。因此在很长一段时间里，探花的颜值要胜过状元的颜值，比如，在古龙的武侠小说《多情剑客无情剑》中，主人公小李探花李寻欢就是一个很好的例子。

王维如约到场。同年中最小的两位进士携带着鲜花迎接状元郎入园。看到满园春色，王维忽然想起了逝去的祖自虚。"如果六郎还在，这里一定有他的一席之地，那时我们把酒言欢岂不是美事一桩？可是如今……唉！"

　　王维沉浸在自己的情绪中，暗自哀悼祖自虚，丝毫没有注意到对面有一群人已经盯上他了。这群人也是今年的进士，排名在王维之后，属中等。他们早就听说过王维的名声，来之前他们背后的豪贵都嘱咐他们尽快跟王维搭上关系，把他拉到自家门下。然而，王维早早便到岐王府拜谢，他们却对此全然不知。

　　王维正在独饮，看到一群新科进士朝自己走来，原来，他们是来给王维敬酒的。突然被这么一群人围着，王维起初被这突如其来的场面吓了一跳，当听说了他们的来意后，王维才反应过来，跟他们互相敬酒。

　　其中一人说："我听说你的画工了得，曾经画过一幅巨石图，惟妙惟肖到能引人入画？"

　　"这都是谣传，不可尽信。"王维谦虚地说。

　　"哎，正所谓无风不起浪，你若没有几分真本事，又怎么会有这样的传闻呢？你就不要再自谦了。今日杏园探花如此盛会，我们几人不才，想请你妙手绘丹青，作一幅《杏园探花图》，不知道兄台可否赏脸？"

　　也不知道是谁把这话传了出去，引大家都来起哄让王维出手作画。状元郎听说这件事情也请求王维作画。王维只好答应下来，将在场的每一个人都"收"入画中。画作生动传神，每一个人的动作都栩栩如生。刚刚怂恿王维作画的那些人立刻向他索要画作，言语之中还有意无意地向他透露出自己"背后"的人。

　　这可让王维犯了难。画只有一张，无论给谁都会得罪其他人。况且，他还在这幅画中添了点自己的小心思，他用隐秘的笔法将祖自虚画在了百花之中。他不想把这幅画送给任何人，只想拿回去烧掉，送给祖自虚，也算是了却自虚的一桩心愿。

众人争执不下，将难题抛给了王维，让他自己选择把画作送给谁。王维刚想说谁也不送，玉真公主府上的贴身女官突然到访。

"传公主口谕，新科进士杏园探花乃我朝一桩美谈，《杏园探花图》彰显了我大唐文人风范，命王维即刻呈送丹青于孔庙，不得有误！"

王维奉命动身，走出杏园乘马车而去。半路上，王维掀开车帘一瞧，这不是去往孔庙的路，再往前走一段就直接回城了。这时，他不解地问女官："是不是走错路了？"

女官说："岐王殿下知道有人要在探花宴上为难你，特意派我来为你解围。前面的路要你自己走了，我们还要去孔庙转一圈。就此别过！"

原来如此。王维与女官道别，回去之后就把画烧给了祖自虚。如今他只是刚刚榜上有名就被人惦记上了，以后还不知道会面临怎样的境遇。此时的王维心中有一些动摇，不知道自己一心求取功名究竟是不是正确之举。

三、曲江献曲雁塔题名

天下没有不透风的墙。探花宴之事很快传到了宫里，京都中有一些人一夜之间就学会了夹着尾巴做人，不敢再猖狂作乱。这一夜看似风平浪静，实则暗流涌动。处在旋涡中心的王维却对此一无所知。

　　他必须保持最好的状态，因为今天要去参加曲江宴。与探花宴不同，曲江宴上，圣人会亲临现场，高坐阁楼与众位新科进士同乐。这下可没有人敢在宴会上闹事了。

　　高力士传旨，命王维上楼奏乐。王维受宠若惊，登上阁楼一瞧，圣人坐在帷幔之后，虽然影影绰绰看不清楚，却能够真真实实地感受到天子之威。他不敢放肆，规规矩矩地站在一旁。

　　高力士命人抬来一面琵琶，对他说："王进士，听闻你弹得一手好琵琶，今日陛下钦点，你可要用心演奏。"

　　"是。王维知道了，多谢高公公。"

　　王维知道自己弹琵琶的水平还行，但是不知道为什么会被召来在圣人面前演奏。不会是圣人听腻了宫里的乐师弹奏的曲子，出来换换口味吧？他心里有些忐忑，但还是硬着头皮接过了琵琶。琵琶拿到手的那一瞬间，王维紧张的心情忽然缓解了。琵琶通体冰凉，正好舒缓了他烦乱的心绪。弹了几个音符听听音准，琵琶音色清脆明亮，犹如玉珠走盘，一听就是一把绝佳的琵琶。琵琶在手，天下我有。王维很快就沉浸在弹奏琵琶悠扬的弦音中。

　　一曲作罢。帷幔后传出一位女子的声音："皇兄，我没有夸大其词吧？"这是玉真公主的声音。

　　"皇妹看人一向很准，就是他了。"

　　高力士在帷幔里弓着腰身点点头，好像是得到了什么指令。他退出帷幔直起腰来，另叫旁边的小奴走到王维面前，说："陛下对你的琵琶很满意。王进士，你要飞黄腾达了。这是陛下赏你的。"

　　"谢陛下。"王维谢恩。接过一盘金锭，他的手突然往下一沉，差点一头栽下去。

王维得到赏赐的事情犹如星火燎原，瞬间传遍了京都。倘若唐代有热搜榜，这件事情绝对可跻身于榜单前三。多少名门望族争相给王维下拜帖，不仅有邀请他前去赴宴的，还有想要亲自上门拜访的，想要与他结交的更是比比皆是。王维一时间成了京都家喻户晓的风云人物，不过这都是后话。

曲江宴罢，新科进士们还有更重要的事情，那就是去慈安寺大雁塔下题名。据说，雁塔题名起源于唐中宗神龙年间一位叫张莒的进士。当时张莒游览慈安寺的时候，一时兴起便把自己的名字题在了大雁塔下。这一举动引起了其他进士的效仿，多年来新科进士都将雁塔题名的这一举动视为与金榜题名一样的荣耀，"雁塔题名"几乎已经成为新科进士的代名词。

新科进士要从自己中推举出一名擅长书法的人，由他将全部新科进士的姓名、籍贯和金榜题名的时间题写在墙壁上，约定日后谁要是封侯拜相，便可以改用朱笔来写自己的姓名。

王维站在大雁塔前，脑海里不断闪过与祖自虚相处的画面。雁塔题名也是祖自虚的心愿，如今自己金榜题名也算是替他完成了心愿，他如果泉下有知也应该瞑目了。

第四章　红豆最相思

一、踏破铁鞋无觅处

王维以诗文见长，号称"诗佛"，但很少有人知道他也是个痴情人。史书记载，王维"丧妻不娶，孤居三十年"。

王维与妻子崔氏的相识也相当奇特。那时王维刚到京都，在祖自虚的指点下四处采风作画，以搭上岐王府的门路。京都繁华，遍地佳人，可是却没有一个人能让王维满意。

看他焦头烂额的样子，祖自虚也跟着着急，身上的病越发严重了，两日来连连咯血。王维看在眼里急在心上，听说祖自虚的药快没了，便亲自去城里抓药，但是也不知道是怎么回事，不过是抓一张药方的药，城里的每一间药铺却总会缺那么几味药。

眼看天快黑了，城中有宵禁，药方上还有一味药没有买到，王维便加快脚步往最后一家药铺赶去。药铺柜台前站着一个眉清目秀的年轻人，听明来意，便把药包好，递给王维："这是您的药，您拿好。"

听到这声音，王维愣了一下。这声音如此清脆，不像是男人的声音。他打量了一下面前的这人，看面相确实少了几分男子的英武之气，更多的是阴柔书卷之气。唉，真是可惜了。不过时间紧迫，他没时间细想，拿了药付了银两就匆匆赶回去了。

回到终南山，王维将药交给小童熬煮，自己则守在祖自虚的病榻前照顾他。祖自虚睡着了之后，王维闲来无事，闻着飘飘忽忽的药香，忽然想起了买药时见到的那个年轻人。他突发奇想，倘若那副装扮下不是个男子身而是一位美娇娘……他立即研墨，思索片刻，便把那年轻人按女子的身段、衣着画了出来。

祖自虚迷迷糊糊间看到王维伏案的背影，也不知道他在做些什么，刚想开口叫他，就看到小童端着药进来。

王维正好画完，把药端过去亲自喂祖自虚喝下。祖自虚喝过药才问他："我方才见你如此认真，也不好打扰你。是否又有新作？"

王维将空碗放到一旁，把刚刚完成的仕女图拿给他看："你看这幅画画得如何？"

"甚好。"祖自虚说，"这是谁家的女娘？"

王维大笑两声，解释说："六郎，这可不是谁家的女娘，你该问这是谁家的儿郎！你说那岐王府的管家喜欢清秀的女子，这些日子我在城中四处寻访也没找见合适的人选。可巧今天给你买药，见药铺卖药的药童倒是长得清秀，可惜是个男儿身。我用了他的容貌与周身的气质画了此仕女图，你以为如何？"

"足以以假乱真，只不过少了几分仙气。"祖自虚说，"如果将画中人比照着洛神描摹，想来还能更进一步……"

"洛神，洛神……"王维在脑海中立即构思画作修改后的大概模样，觉得祖自虚说得很有道理，"不愧是六郎，果然目光如炬。"

酒楼宴会中，岐王府管家果然一眼就相中了这幅仕女图。正所谓窈窕淑女君子好逑，岐王府管家尾随而来、登门求教，早已是王维意料中事。

临别时，王维见岐王府管家十分喜爱这幅画，便把画送给了他。岐王府管家十分高兴，同时又要了几篇他平时写的诗作，一并带了回去。

解决了一桩心事，王维可算暂时松了一口气。当天晚上，为庆祝自己的计划取得了阶段性胜利，他多喝了几杯酒。也正因为这次的贪杯，才给了他一个再会佳人的机会。

二、安能辨我是雌雄

王维贪杯酩酊大醉，因窗户没关好，半夜里被风吹开，竟然受了风寒。真是少年得意莫尽欢，否则易乐极生悲。他上街买药，鬼使神差又来到了那家药铺。柜台前站着的还是那个年轻人。见到这年轻人，王维的第一反应不是抓药，而是回想起自己作的那幅画，怔怔出神了半晌，等到对方大声叫了他好几次，才回过神来。

"这位客官，你到底要抓什么药啊？"年轻人睁大了眼睛，一脸疑惑地盯着眼前这个奇怪的人。

王维暗暗将药方塞进袖子最里面，装作为难的样子说："啊，我忘记带药方了，只是粗略记得药名，不知道小郎君可否帮我找几味药……"

"好啊，你说吧。"

王维说："第一味药名唤——宴罢客何方。"

年轻人愣了一下：真是林子大了什么鸟都有，还有人来药铺对对子的。奇怪归奇怪，但也没耽误年轻人思考。"宴罢客当归。"几乎话音落下的同时，他就已经转身将药材取来。

王维又说："第二味药名唤——黑夜不迷途。"

年轻人答："夜不迷途因地熟。"

"第三味药名唤——艳阳牡丹妹。"

"牡丹花妹芍药红。"

王维一见连出三题都没能难住这年轻人，不禁在心底对他高看一眼。年轻人见他不说话了，于是便问："这三味药各要几钱？"

"不急，还有。"王维说，"第四味药名唤——出征在万里。"

"万里戍疆有远志。"

"百年美貂裘？"

"貂裘好陈皮。"

"八月花吐蕊？"

"秋花点桂枝。"

"难见熟人面？"

"难见是生地。"

"酸甜苦辣咸？"

"世称五味子。"

"蝴蝶穿花衣？"

"香附双双归。"

"青藤缠古树？"

"藤萝是寄生。"

　　一连十道题都没能难倒此人，王维被他的才思敏捷所折服，提着一大包根本用不上的药打道回府。

　　王维回终南山后，又将年轻人的画像画了一遍，只不过这次画的是他本人穿着朴素的样子。祖自虚虽然与王维交往的时间不长，但两人相见恨晚，一见如故。他瞧见王维整日对着一幅画像出神，就知道这里面一定有故事。打听之后，再仔细看画像，祖自虚笑着说："王兄，你的好事要来了。"

　　"好事？什么好事？"王维没明白他的意思。

　　祖自虚说："我见你一直看着这幅画像，便托人去城里打听，这是百草堂家的女娘啊。如今待字闺中，岂不是王兄的好事？"

　　王维惊呼："女娘？！这不是个男子吗？"

　　祖自虚愣了三秒，在病榻上笑得咳嗽不止，调侃王维说："王兄啊，亏你见了人家两次，又聊了那么久，竟然不知对面是个女娘。"看王维迷糊的样子，他忙解释说："不过这也不怪你。那百草堂的掌柜育有一儿一女，他们兄妹二人的模样一般无二，就连声音都相差无几。若都换上男装，外人还真是难辨雌雄。"

　　"那我见到的是？"

　　"他们兄妹二人唯一的区别就在于，兄长的眼角有一颗极小的朱砂痣。你所见之人，眼角可有此痣？"

　　王维仔细回想，十分笃定："不曾有！"

三、洞房花烛巧作对

王维的内心久久无法平静，睡梦中一会儿出现的是洛神的模样，一会儿又是那女娘着男装的模样。第二天一大早他就起身，字斟句酌地写下一首小诗，让书童带去给百草堂的那个年轻人。临行前，他还再三叮嘱："一定要给那眼角没有朱砂痣的年轻人。"

书童纳闷："您既然这么不放心，为什么不自己送去呢？"

王维恼羞成怒："让你去你就去，哪儿那么多废话！"

书童按照王维的嘱咐到百草堂抓药，将"药方"交给眼角没有朱砂痣的年轻人。年轻人展开"药方"一瞧，又是打哑谜。

书童说："昨日我家少爷前来抓了十服药，如今还缺一味药，我家少爷遣我再来抓取。"

一提那十服药，女子顿时就明白这是谁干的好事了。她又仔细看看"药方"，这哪是来抓药的，分明是来送情书的。只见那"药方"上写着："二者缺一真可叹，书房偏又无石砚。金童身边少玉女，晴天无日添心烦。"每一句对应打一个字，合起来不就是"一见钟情"嘛。

但女子并没有因此欣喜，表情反而变得古怪起来。王维长得相貌堂堂，一表人才，满腹诗文，自己芳华正茂，少女怀春，确实对他有些芳心暗许。可她担忧的是，两次见面自己都是女扮男装示人，倘若对方认出自己是女儿身便罢，如果不曾认出，那么这封情书岂不是……

她转身取来一味药包好递给书童，对他说："回去告诉你家少爷，这药分两服煎服，莫要看错了。"

书童不明所以地拿着药回来了，将女子的话一字不差地转达给王维。

王维打开药包一瞧，是两小团丸子状的圆滚滚的玩意儿。他把这东西递给祖自虚瞧，祖自虚已是久病成良医，一眼就瞧出这东西的来历："这是望月砂呀。"

王维对中医不甚精通，也略微知道一些草药的名字。"望月砂"就是兔子粪，可防止眼疾，有明目解毒之功效。想起书童转达回来的话——"这药分两服煎服，莫要看错了"，王维的脑海中灵光一闪："兔子粪！莫非她是想说'雄兔脚扑朔，雌兔眼迷离。双兔傍地走，安能辨我是雄雌'？"

于是，王维连夜画了一幅女子的画像，第二日一早又遣书童送了过去。

这一次，书童带回了女子的回信。王维展开来看："一月一日喜相逢，二人结缘去问僧。竹林深处见古寺，伊刚张口人无踪。"

王维喜上眉梢，立刻修书一封，安排人到女子家中提亲。

郎才女貌喜结良缘。良辰吉日恰好定在王维中第之后。"洞房花烛夜""金榜题名时"——人生四大喜事的一半都被王维占尽了。

新婚当夜，王维春风得意地回房，却被新娘子的人拦在门外。原来，新娘子有心再试试王维的才学，特意出了一个对子，答得上来方可入内。新娘子出的上联是"中堂上一幅古画，龙不吟，虎不啸，花不芬芳，猿不跳，笑煞蓬头刘海"。

这上联出得可有些难度，王维犯了难，在婚房门前踱来踱去，思来想去，急得直跑到后花园想要跳井，幸亏被人拦了下来。

王维心急如焚，忽见后花园摆着一盘残棋，灵光乍现，自言自语："凉亭下半局残棋，马无主，车无轮，卒无兵器，炮无声，闷攻束手将军。"

下联一出，婚房大门敞开无阻。自此之后，夫妻恩爱，琴瑟和鸣。王维与结发妻子新婚之夜对诗也从此传开，成为当地一桩美谈。

但好景不长，开元十六年（728年），妻子崔氏因病去世。年仅三十岁的王维痛失所爱。在发妻过世后，他没有听从亲朋好友的劝说续弦，而是孤独地生活了三十多年，用自己的后半生长长的思念来悼念亡妻。王维的这份深情也因此被史书铭记。

第三卷

福祸长相依

第一章　得官太乐丞

一、新科进士的担忧

王维高中新科进士，获得了入朝为官的资格，但要想成为一个有编制的朝廷官员，还需通过吏部的考试。古代没有官职爵位的平民称"布衣"，一般穿粗布褐衣。只有当了官，才能脱去褐（布）衣，穿上官服，因此吏部考试又称为"释褐试"。释褐试又叫"关试"，每三年举行一次，凡通过释褐试者才会被授予官职。

释褐试的考试内容有四项，分别是"身""言""书""判"。

"身"，就是观察考生的样貌。官员是朝廷的脸面，必须容貌端庄，仪表端正。

"言"，就是要观察考生的言辞。官员必须擅长辞令。

"书"，就是对考生的书法进行选拔。做官常常要写公文给上面看，字太差肯定会影响仕途。除此之外，官员的文笔也很重要。倘若一百字就能说明白的事情，偏偏要洋洋洒洒地写上千字，甚至上万字，那可不仅仅影响仕途，若是点儿背，碰上皇帝心情不好，还有掉脑袋的风险，更甚者还会连累推荐人。

"判"，就是通过案例来考查考生的见识。思维逻辑、专业知识等都是这一科的考核内容。因为古代的行政和司法有时候分得并不是特别明确，地方官也会兼管诉讼狱案，这就要求朝廷官员必须有一定的判断能力。

王维出身太原王氏，虽然在这个时候太原王氏的家族势力已不如之前强大，但瘦死的骆驼总比马大，从家学渊源上看就胜了三分。无论比"言"还是比"书"，王维都信心满满。比"身"，他也是具有一定竞争力的。但是比"判"，王维自感就有些难度了。

王维自幼饱读圣贤书，学识渊博，能诗会画，擅长舞文弄墨，只是在断案一事上稍显不足。要怎么弥补这一短板呢？

他在房间里思来想去，决定到衙门走一趟。衙门是朝廷官员办事的场所，哪能什么人都能进？即便王维是新科进士，但还没有官职在身，自然也不能随便出入衙门重地。

此路不通走彼路。王维再次拜访岐王。新科进士的面子衙门不给，皇亲国戚的面子他们总不能不给吧？王维将自己的难处对岐王说了一通，他表示自己并非想让吏部的官员透题，只是想借几卷卷宗看看。

按理说各部的卷宗都有专人看管，要有相应的旨意才能调动，而且临近释褐试，时间敏感，各部门对此更是格外上心。就连岐王也不敢保证自己一定能够拿到卷宗，只是说尽力试一试，让王维三天之后再来。

三天时间说长不长，说短也不短，对王维来说每一分每一秒都是煎熬。可他的妻子崔氏却对他的担忧表示不能理解。

"你出身太原王氏，自幼苦读经典，少年成名天下皆知。三场考试都榜上有名，名列前茅，又在曲江宴上被钦点上楼奏曲。敢问你们这一榜有几个人比得上你？别说其他进士了，就算是状元郎，我看你也能与他一较高下。"

这一番话让王维陷入思考。崔氏说的每一句话都对，可他就是无法控制自己不担心。他心里如同一团乱麻，连看书作画都没了心思，索性坐在窗前抚琴。等心情稍有平复，王维又默诵佛经，就这样一直折腾到了天亮。

二、暗流涌动

三天时间到了，王维如约而至。岐王早已暗中托人从吏部调出了几部卷宗悄悄带到府上。王维得到卷宗，对岐王连连道谢。

岐王说："你有才华，更有人品，我希望你能够得偿所愿，并非出于一己私欲，而是为了大唐百姓着想。这几天你只管在我府中住下，其他的事情由我替你处理，你放心就是了。"

"王爷大恩，王维没齿难忘。"

王维一直待在岐王府里用心钻研卷宗。可是天下没有不透风的墙，岐王调动卷宗的事情很快就传了出去。岐王被皇帝找去"喝茶"，金吾卫则以搜查皇宫禁院丢失的物件为借口，趁机来到岐王府，入府后直奔王维借住的客房。撞开房门，他们将桌上的东西尽数收走，把王维吓得几乎魂飞魄散。

东西呈到御前，皇帝龙颜大怒，直骂金吾卫是一群废物。他们搜查出来的根本不是岐王从吏部借来的卷宗，而是王维花了大力气托人从犄角旮旯的书坊里搜罗来的各地奇闻秘事。

岐王高悬的心此时落了下来。当初他一进宫，就觉得事情不对劲，等他反应过来已经来不及了，只能在心里暗自祈祷王维"吉人自有天相"。

事后，岐王把王维找来询问这到底是怎么一回事。王维说："吏部卷宗只记录了事件的概要，很多事件中的细节已无从考证，所以我才想通过搜集各地关于这些事件的其他文献，以寻找判断的依据。有一件事情还请王爷恕罪，那些卷宗我已经托管家送回吏部了。这事事先没有与王爷商量就自作主张，实在是王维的不是，还请王爷见谅！"

岐王扶起王维，对他说："我怎么会怪你呢！说起来，这次还要感谢你救了王府上下几十条性命。调卷宗一事，我委托之人十分可信，不会是他泄露此事，我想应该是早有人盯上了本王。"

"那王爷有什么打算？"

"皇兄心性多疑，一向不喜欢王公贵族与大臣结交。我们以后恐怕也不便相见了。"岐王说，"不过，如果日后你有需要，还是可以随时来找我，岐王府的大门永远为你敞开。"

"多谢王爷。"既然岐王都这么说了，王维再在这里待下去，对他们两个人都不好，因此他便立刻离开了岐王府，希望以这样的方式可以给岐王减少一些麻烦。

王维因为临时换了资料而逃过一劫，这一变故也让他初次体验到衙门里的水有多深。回家之后，崔氏早早为他准备好热汤洗浴，艾蒿熏香，扫除一身的晦气。

崔氏知道科举中第背后都有贵人举荐，对此她不能理解，同时也十分厌恶这种行为。她知道王维成为新科进士，除了他本身有才华，岐王也在背后出了不少力，但她还是不能接受王维投靠岐王的行为。她苦口婆心地劝他："我知道你心气高，想早日出人头地、光宗耀祖，可是那些皇亲贵胄府邸的门槛太高、太险了。这次是你福大命大才躲过一劫，你知不知道当我听说此事后，我心里有多害怕？我希望你能答应我，以后还是少与他们来往吧。"

"好。我答应你！"王维见识了一番权力顶端的暗流涌动，心里也是有些后怕，"过了关试我就能成为名正言顺的朝廷官员，等到那个时候一切都会好起来的。"

三、公主殿下有请

释褐试上，王维非常顺利地通过了"身""言""书""判"四项考核，并且都取得了优异的成绩。在考试的时候，王维才发现自己之前实在是有些杞人忧天了。能够走到这一步的进士，有谁背后没有靠山？在绝对的权力面前，关试也不过就是走个过场而已。

不过也有人比较倒霉。在考核书法公文的时候，有一位仁兄就坐在王维隔壁被查出作弊。王维与他不熟，考试前这位仁兄不小心将墨水洒在身上，弄脏了衣服。出于好心，王维将自己的一套衣服借给了他。这位仁兄被拉出去的时候还在拼命地喊冤，声称自己是冤枉的，王维对此也只能无奈地摇摇头。

通过考核后，下一步就是在家中等着吏部来颁发任命文书。王维翘首企盼，吏部的人终于来了。王维被朝廷委任为太乐丞，从八品官吏。

崔氏好奇地询问："太乐丞是做什么的？"

王维说："就是负责朝廷礼乐方面的官吏。"

"礼乐？"崔氏别有深意地说，"我从前听人家说你可以通过一个动作就辨别出弹的是哪首曲子，还听人家说你之前在公主面前演奏过。你给公主演奏的那首曲子叫什么来着？叫……哦，叫《郁轮袍》。我什么时候能听你给我弹一曲啊？"

王维哈哈大笑："好，我今晚就专门为你一个人弹。"

"弹多久？"

"弹到天长地久。"

还没等王维实现他的诺言，紧接着又有一人登门拜访。这人便是玉真公主身边的女官，上次在探花宴上就是她帮王维解的围。

"恭喜王进士出任太乐丞。"女官笑盈盈地说。

崔氏懂眼色地回避："我去给你们泡壶茶。"不出意外的话，这壶茶他们是喝不上了。

王维问她："女官今日来的目的是……公主要见我吗？"

女官点头说："不错，正是公主要见你。其他进士都被派遣到了京外偏远地区任职，唯独你还留在这里。你可知这是为何？"

她都这么说了，王维很难不往玉真公主那边猜想："莫非是公主殿下在御前替王维美言？"

女官笑了："五品以上的官员才要经过陛下批准，你这从八品的太乐丞还不是殿下一句话的事？"

"既然如此，我得当面拜谢公主殿下。"王维话刚说完，就觉得有些后悔，明明才刚答应妻子不跟皇亲贵胄来往，怎么扭头的工夫就出这么一档子事儿？

"我这次来就是给你送请帖的。"女官从袖子里掏出请帖递给王维，"今晚殿下在府中设迎春宴，不知道你这位名动京都的太乐丞是否赏脸……"

"既然是公主宴请，王维自当从命。"他拱手道，"王维今晚一定赴宴！"

女官告辞后，崔氏从内室里出来。王维刚要跟她解释，崔氏却说："我都听到了。玉真公主是当今陛下的亲妹妹，她的话谁敢违逆？你去吧，不用担心我。我会在家里等你回来。"

娶妻娶贤，能得到这样一位体贴善良的贤内助，王维觉得此生无憾了。

第二章　黄狮舞起龙颜怒

一、迎春花宴

三月正是迎春花盛开的时节。公主府上百花盛开，赴宴的都是当地的豪门大户。王维左右打量了一圈，发现除了他没有一个新科进士在场。鉴于那回岐王府的突发事件，王维不由自主地担心起来，两眼时不时向门口的方向张望，生怕下一刻就会有金吾卫冲进来野蛮执法，不分青红皂白地乱抓人。

或许是看在玉真公主的面子上，今晚这场迎春宴举办得十分顺利，没有任何人上门打搅。宴会中有不少宾客都见过王维，全都围拢在他的身边向他敬酒祝贺。王维虽然千杯不醉，但是也架不住劝酒的人来个"车轮战"。他喝了一杯又一杯，感觉宴会上的酒都快要被他喝光了。

宴会上花团锦簇，丝竹管弦声起，众宾客觥筹交错，开怀畅饮。宫女成群结队而出，将晚宴菜品一一放置在各位宾客面前。按酒桌不成文的规矩，上菜的时候宾客是不允许敬酒、喝酒的，王维就趁着这时候歇口气。见玉真公主出来，众宾客也不敢放肆，端着酒杯回了座位。

菜品上来后，王维低头一瞧，这可真是大开眼界了！自打记事以来，他参加了不少大大小小的宴会，还从来没见过拿鲜花入食的。即便有，也只不过用来做点缀。哪有人会把鲜花和进面里做烙饼，烩进菜里烹炒？王维不禁感叹：这玉真公主可真是充满奇思妙想！

席间众人平时吃肉喝酒惯了，猛然一瞧见桌上放的这一点油水都没有的玩意儿，全都傻眼了。可是公主赏赐的东西，他们又不敢不吃，只得面面相觑，拿起鲜花饼，迟疑着不敢下口。而在王维这里则完全是另外一番景象了。他的母亲信佛，常年茹素，王维兄弟几人也时常吃素，迎春宴准备的这些鲜花饼对他来说可称得上是素食界的天花板了。王维吃得很惬意，毫不拘束。玉真公主看到王维吃得那么自然，十分满意地笑着点点头。宾客们一瞧公主这种态度，也都学着王维的样子，硬着头皮咬下一口。

鲜花饼清甜，众宾客在惊讶的同时也不忘称赞、恭维玉真公主。玉真公主对女官吩咐一声，女官下去对王维传旨，道："太乐丞，公主殿下听腻了这些管弦乐，想请太乐丞为迎春宴弹奏一曲琵琶，不知太乐丞可否愿意？"

"愿为公主效劳。"王维心里巴不得找点事情做做，省得被人一杯一杯地灌酒。

玉真公主为他准备了一面琵琶，王维认出这正是那天在曲江宴上，陛下让他上阁楼演奏时所弹奏的那面琵琶。这琵琶用紫檀木制成，颜色幽深，自带一股木质的香气。木香在王维的指尖撩拨中与乐声交织在一起，顺着晚风，伴着花香，缭绕在每个人的心头。

夜色渐浓，宾客留宿在玉真公主府邸的客房中。王维刚要睡下，就听到有人敲门，打开门一瞧，门外人是女官。他一猜就知道是玉真公主要见他，于是就问："这么晚了，公主殿下找王维有事吗？"

女官说："你去了就知道了。"

王维面露难色："天色已晚，不如王维明日一早再亲自向公主殿下赔罪吧。"

女官说："公主说了，'正所谓宝剑配英雄，如果不能给琵琶寻个好主人，不如毁掉'。既然太乐丞觉得天色已晚，不便叨扰，那我们就先告辞了。"

一听说公主要毁掉紫檀琵琶，王维立马慌了神。倒不是他有心想要琵琶，只是觉得那么好一件东西，就这么毁掉也实在是太可惜了。

"好吧。请女官带路吧。"

二、扶南小曲

王维跟着女官穿过几个回廊，周围的景色越走越萧瑟。明明已经到了春天，可是这里却让人感觉阴风阵阵，透骨生寒。王维敏锐地察觉到这并不是前往玉真公主寝殿的路，但是看女官的样子，又没有要加害自己的意思，他一时之间也弄不清楚发生什么事情，只能静观其变。

女官把王维带到了一处偏僻的小屋，进门之后，才发现这是牢房。牢房中央有一个十字架，上头绑着一个浑身上下伤痕累累的人。

女官问他："你可认识此人？"

王维小心翼翼地凑上前，仔细观察一番："有点眼熟，但是想不起来了。"

女官说："太乐丞不记得此人也正常。他是宁王府的人。当日释褐试中，有一位考生因为作弊被逐出考场，永不叙用。这太乐丞可还记得？"

"记得。"王维说。

女官继续说："考试前，他弄脏了衣服，是你借他一件衣服应急，也就是这一举动害了他。宁王府的这个家奴把他错认成了你，要不然被诬陷而逐出考场的就是太乐丞您了。"

王维惊得一身冷汗："这……这怎么会？"

女官说："他已经招供了，为的是你在宁王宴会上作的那首《息夫人》。"

因为作诗而获罪的人，古往今来不在少数，但是王维怎么也没想到这种事情会以这样的方式发生在自己身上。

"可是，宁王虽然贪恋美色，却绝不像是那种秋后算账的人。况且我只是一个从八品的小官，也不值得他费这么大的力气吧？"

女官接着说："太乐丞恐怕是误会了。我说他是宁王府的家奴，可我并没有说这件事情是宁王指使他做的。这家奴不肯说出背后指使之人，恐怕这人的来路也不小。你初入官场一定要谨言慎行。公主殿下希望太乐丞明白，在官场做事要记得收敛锋芒，不然迟早会惹祸上身。这一次算你走运，侥幸躲过一劫，若是再有下一次，公主殿下都不敢保证能够帮你了。"

"是，王维受教了！王维一定谨记公主的教诲！"

天一亮，王维就赶快回家。昨夜的事情让他心里久久不能平静。就差那么一点儿，他就永远不能踏进官场了。

此时他的心里既有劫后余生的庆幸，又有对那位仁兄的愧疚。

人家都说新官上任三把火，可是王维却并没有感觉到自己对当官的热情。他每天在太常寺调和钟律，整天与音乐为伍。同样都是利用自己的一技之长取悦主人家，只不过，这次的主人家权力更高、地位更尊贵，是九五之尊，但与之前为了求得举荐而参加宴会、取悦权贵并没有本质区别。

由于职务的缘故，王维常常出入宫廷，参加宫里各种重要的活动。这也使他对统治者奢华的生活有了更进一步的了解，于是写下《扶南曲歌词五首》。

> 翠羽流苏帐，春眠曙不开。
> 羞从面色起，娇逐语声来。
> 早向昭阳殿，君王中使催。
> 堂上青弦动，堂前绮席陈。
> 齐歌卢女曲，双舞洛阳人。
> 倾国徒相看，宁知心所亲。
> 香气传空满，妆华影箔通。
> 歌闻天仗外，舞出御楼中。
> 日暮归何处，花间长乐宫。
> 宫女还金屋，将眠复畏明。
> 入春轻衣好，半夜薄妆成。
> 拂曙朝前殿，玉墀多珮声。
> 朝日照绮窗，佳人坐临镜。
> 散黛恨犹轻，插钗嫌未正。

同心勿遽游，幸待春妆竟。

皇帝家举办的宴席，那是"堂上青弦动，堂前绮席陈""歌闻天仗外，舞出御楼中"；宫里的嫔妃们每天做的事情只是"朝日照绮窗，佳人坐临镜。散黛恨犹轻，插钗嫌未正"；就连宫里的女仆们也是"宫女还金屋，将眠复畏明"。王维在这首曲词中极言统治阶层生活的奢侈无度。

我们不能断言王维在这些曲词中影射了皇帝荒淫无度、朝廷腐败奢靡，因为如果写得太过明显，他很可能就享年于此了。不过，我们却可以在"拂曙朝前殿，玉墀多佩声"等句子中隐约体会到，王维在面对这些皇亲贵胄灯红酒绿、纸醉金迷的生活时，心里有一种无奈与愤懑。

三、坐累之罪

王维虽然干着太乐丞的活儿，眼见的都是些让人很难苟同的生活，现实与理想中间横亘着一条看似难以逾越的鸿沟，但是始终没有放弃建功立业的宏图壮志。他把在朝廷任职当作自己完成人生理想的新起点，相信只要初心未改，在哪儿不都是一样为国尽忠。

一腔热血在王维的心中沸腾，于是写下《夷门歌》。

七雄雄雌犹未分，攻城杀将何纷纷。
秦兵益围邯郸急，魏王不救平原君。
公子为嬴停驷马，执辔愈恭意愈下。

亥为屠肆鼓刀人，嬴乃夷门抱关者。

非但慷慨献良谋，意气兼将身命酬。

向风刎颈送公子，七十老翁何所求。

　　这首诗写的是信陵君窃符救赵的历史故事。"战国四公子"之一的魏国公子信陵君魏无忌一向礼贤下士，其府上也因此有三千食客。而诗中的另一位主人公侯嬴则只是魏国夷门的守门人。此人已经七十多岁了，家中贫穷。信陵君偶然听说此人是一位隐士高人，便亲自到夷门来拜访，并且赠送钱财，但是却被侯嬴以无功不受禄的理由拒绝了。这也让信陵君更加肯定此人的品行。于是他在府上大摆宴席宴请宾客，并且再次乘车来接侯嬴赴宴，而这侯嬴也毫不客气，直接穿着褴褛衣衫便上了车，直接坐在了信陵君的座位上。信陵君也丝毫未怪罪侯嬴，直接自己执辔驱车。而这侯嬴却"变本加厉"，又说自己要去肉市见一位屠夫朋友，这人叫"朱亥"，希望信陵君屈尊驱车前往，待抵达后又与朱亥久久畅聊，而让信陵君一直在旁等候。其实，侯嬴就是想观察这一而再再而三的无礼行为是否会让信陵君面露愠色，以证信陵君爱才惜才礼贤下士之美名确有其事。而信陵君也真的做到了。待侯嬴来到府上更是惊喜地发现，今日的宴请竟是为他祝寿，从此他便成了信陵君府上的上客。

　　那时候秦国军队气势如虹，将赵国打得节节败退，直逼都城。赵国的平原君是信陵君的姐夫，也是"战国四公子"之一，于是便多次向信陵君和魏国求援。起初，魏王派出老将晋鄙率军十万去帮助赵国。然而这时秦国发话了：

谁要是敢去解救赵国，便会在灭了赵国之后灭了谁。这一下子就把魏王给吓住了，立刻发出命令让晋鄙原地驻扎。而赵国这边迟迟等不来援军，形势已经是十万火急，于是便反复催促信陵君，说他如今美名在外，就算不顾道义了，可姐姐还在赵国呢，难道连亲情也不顾了吗……其实信陵君也着急，他已经多次去请求魏王出兵，可是魏王当时心意已决。于是，信陵君心一横，准备亲自率领门客前去支援赵国。他知道这么做是杯水车薪，也准备与姐姐和赵国共存亡了。当他路过夷门时遇到了侯嬴，与侯嬴说了他此行的目的，可是侯嬴只淡淡地说一句："那公子你就上路吧，我就不跟你去了。"信陵君越走越觉得气愤，自觉对侯嬴也是不薄，怎么就换得他这么一个态度呢！于是便又折返回来。而侯嬴似乎早就料到信陵君会回来，这才对他说出缘由："您此行那是羊入虎口，根本没有任何意义。"于是侯嬴给信陵君出了一个主意，那就是偷兵符去夺了晋鄙的兵权。可那兵符是何等物件，平时都被魏王保存在自己的寝殿之中，只有魏王最宠爱的夫人如姬一人可以拿到。而如姬的父亲此前被人暗杀了，三年都没能找到凶手，最后还是信陵君帮她报了仇。如姬一直想找机会报答信陵君。果然，信陵君向如姬开口，如姬便帮他偷出了兵符。当初侯嬴去见的那屠夫朱亥也是个隐士高人，此行他也随信陵君而去，并帮信陵君杀了晋鄙，夺下兵权，最终解除了赵国的危机。侯嬴也对信陵君说，自己已经年过七十，无法与他同行，但是等信陵君成功夺下兵权之时，他会面向北方刎颈自杀。

这是何等的气节！王维诗中歌颂侯嬴对正义的追求，

以及他为赏识自己的明主不惜牺牲自己的高尚行为。

当然，王维也希望能有让自己建功立业的机会，于是他也写下了《从军行》。

> 吹角动行人，喧喧行人起。
> 笳悲马嘶乱，争渡黄河水。
> 日暮沙漠陲，战声烟尘里。
> 尽系名王颈，归来献天子。

这已然描写的是到了战场之上的情景。号角声震天，战士们已经开始急行军，皆因敌人战马的嘶鸣声已越来越近。今日必要抢渡黄河才能争得先机。无论这场战争持续多久，厮杀声弥漫在大漠烟尘之中，也总会有一人直取敌人主帅，从烟尘中杀出，直至凯旋。

在王维的心里，能够像前线将士一样浴血奋战沙场、报效国家，是他终身的愿望。一个小小的太乐丞无法打压他的斗志，也阻挡不了他前进的脚步。他官职低微，依然关注着国家大事，看到朝廷中的忧患事，虽然不能直接上奏折陈述己见，却能通过间接作诗的方式表达自己的政见。

然而，幸运之神并没有一直眷顾这位英才，倾注了一腔情感的诗作并没有给他带来升官的荣耀，反而招来了一道贬官的旨意。《新唐书·王维传》记载王维"开元初，擢进士，调太乐丞，坐累为济州司仓参军"。

据说，刚当上太乐丞不久的王维有一日忽然接到岐王的邀约。王维深受岐王之恩，既然岐王有约，那必定欣然前往，绝无二话。而到了才发现，岐王并非只请了他或者几位文人雅客，还叫来了太乐署的各级官员，包括王维的上司，还让他们带来了宫中的乐师、伶人。看来这岐王是来了兴致，大摆宴席。王维心中还有些感动，想着岐王莫不是要趁此机会给自己上下疏通一番。然而，菜过五味，酒过三巡，岐王喝得有些上头了，飘飘然中觉得这普通的歌舞已经满足不了他的需求，竟然当场点了一出"黄狮子舞"。这下可让王维傻眼了。在古代，颜色被分为三六九等，其中朱、紫、黄最为尊贵。而黄色更是皇室的象征，是九五之尊的颜色，因此黄狮子舞这一节目是专门为皇帝准备的，只能供皇上观看，若没有皇上的允许，别人不能随便看，更不能随便舞，否则那可是犯了谁都承担不起的大罪啊。

王维犹豫地看向自己的顶头上司太乐令刘贶，刘贶更是一脸的茫然，不知如何是好，心里正在进行着激烈的斗争：若是不演，当场得罪了岐王，岐王一句话，估计自己前程尽毁；若是演了，一旦事发，自己难辞其咎，不过这点小事玄宗皇帝不一定会知道，可能也就敷衍过去了。王维见上司都没有表态，岐王又有恩于自己，自然也不好说什么，便演了黄狮子舞。可天下哪有不透风的墙，尤其这岐王府更在玄宗皇帝的关注之内，不久便东窗事发了。王维也因此受牵连，结束了短暂的京城任职经历，被贬去了济州。

上面一段仅是从历史长河的碎片之中杜撰一二，王维最后的确是被贬官了。《新唐书》和《旧唐书》都没有记载王维被贬官的真正原因，而《集异记》中所说王维"及为太乐丞，为伶人舞黄狮子，坐出官。黄狮子者，非一人不舞也"，才隐晦地提及其中可能的缘由。

王维自幼饱读诗书，不可能不知道这种犯忌讳之事。而且《新唐书》中记载王维是"坐累"贬官，也就是受到牵连才被贬官。至于王维受到谁的牵连，目前主要有两种猜测：第一是受到刘子玄的案子牵连，第二是与岐王等人被贬出京有关。

刘子玄就是刘知几，他从高宗到玄宗担任了三十多年的史官，是出了名的直言敢谏。老话说"过刚易折"，他说话直，对事不对人，可还是容易得罪人，尤其容易得罪皇帝。玄宗皇帝十分不喜欢他的耿直，但又没有理由直接把他撵走，于是就静待时机。可巧刘子玄的儿子刘贶犯了事，玄宗皇帝立即将他发配流放。刘子玄当朝"执政诉理"，正中皇帝下怀，被贬安州别驾。

《旧唐书·刘子玄传》中记载，刘子玄的长子刘贶被贬时担任的官职是太乐令，而太乐令正好是王维的顶头上司。于是我们合理推测，黄狮子舞或许是皇帝暗中授意栽赃刘贶，而作为太乐令副手的太乐丞王维不免会遭到池鱼之殃。

至于岐王等人被贬，王维更是哑巴吃黄连——有苦说不出。玄宗皇帝在开元八年（720年）颁布了一条禁令，禁止诸王与大臣私下来往，他怕王侯与大臣勾结起来会威胁到自己的皇位。岐王早就察觉到玄宗皇帝对他们几个的猜忌之心，于是在关试之后就与王维断了联系，希望可以保他一命。开元九年（721年）七月，岐王被贬去做了州刺史。而同一年秋，王维就收到了贬官文书。就凭王维之前在豪门贵胄圈子里的声名，要说他被贬官跟岐王等人一点关系都没有，恐怕可信度不高。

　　但不管是刘子玄还是岐王，王维与他们都脱不了干系，所以这一次贬官他是在劫难逃。

第三章　灞桥别故友

一、离别宴别李龟年

"黄狮子案"事发突然，王维被打了个措手不及。不光是王维，就连他的同僚都不相信他会做出这种荒唐的事情。但是圣旨都已经下了，君无戏言，王维就算有一肚子的委屈，也只能先到济州赴任再说了。临行前，他的朋友们为他摆宴饯行。

最先知道这个消息的是在梨园供职的李龟年。李龟年是唐代著名的唱作型歌手、国宝级音乐家，不仅擅长吹筚篥、奏羯鼓，还善于作曲。他虽然只是一介乐工，但颇有音乐天赋，深得唐玄宗喜欢，与唐玄宗的关系非同一般。而且他与王公贵胄、文人雅士都交往甚密。如杜甫诗中云："岐王宅里寻常见，崔九堂前几度闻。"岐王就不必说了，诗中这"崔九"指的就是宰相崔仁师的孙子崔涤。崔涤也是朝堂上的重要角色，唐玄宗常让他侍奉左右，与那些王爷不分座次。

英雄总是惺惺相惜，李龟年十分欣赏与敬佩有着"音乐奇才"美名的王维。得知王维被分派做太乐丞后，李龟年十分高兴。他经常登门求教，两人相谈甚欢，互相引为知己。

听说"黄狮子案"惹得皇帝龙颜大怒，涉案人员被贬官的贬官，被流放的流放，还有的人在夜里突然失踪了……李龟年心里十分着急。太乐令都被发配流放了，王维这个太乐丞还能好到哪里去？李龟年经多方打听，终于从高力士口中得知，王维只是被贬到济州去做司仓参军，相当于现在的仓库管理员，虽比之前的太乐丞地位稍微低了一级，不过被贬官可比被流放好太多了。古往今来死在流放路上的人不计其数，就连当年武则天的二子李贤被贬为庶人流放之后都死在了流放之地，王维至少还保住了性命。

在与王维的相处中，李龟年深知王维心中的豪情壮志。如今王维受到这样的打击，李龟年怕他会想不开，于是早早地打好腹稿，准备好好劝解劝解他。谁知见面时，王维却表现得十分平静。李龟年担心他这是暴风雨前的宁静。

果然，三两杯酒下肚，王维就打开话匣，开始哭诉自己的满腹委屈："时也命也！想我十五岁就来到这繁华的长安城，见过王公府上的风光，也遭到过这朝堂的冷落。说是因这'黄狮子舞'而被定罪，这个中的缘由，恐怕也只有上面才清楚。这样的官，不要也罢；这样的都城，离开也罢！"

李龟年急忙拉住他的胳膊，紧张地左右张望。虽然是在自己家里，但也要警惕隔墙有耳。看到四周没有异样，他才松开手，小声地对王维说道："你以后外出做官，可不能像这样的口无遮拦。'黄狮子案'的定罪是圣人亲自授意的，你这样讲岂不是在说圣人论罪不公？这话要是传到了圣人的耳朵里，别说是你了，就连我，包括我府上的这些人，都要受到牵连的。"

王维听后气闷至极，痛饮一杯苦酒。

李龟年思来想去，还是决定将自己从高力士那里知道的事情告诉他。"有一件事情我觉得还是有必要告诉你。'黄狮子案'发后，圣人非常恼怒，原本是要将在场所有人全部发配充军、流放三千里的。但是你很幸运，有一位贵人将你的诗作呈到御前，极力保举你，圣人这才授意，只是将你贬为济州的司仓参军。"

"贵人？你可知道是哪位贵人，我一定要当面拜谢他。"王维说。

李龟年说："你还想当面拜谢？你不知道圣人最忌讳皇亲贵胄跟朝廷官员私下来往吗？岐王、薛王他们都被'送'出京都了，你还有几颗脑袋够砍的？"

王维问他："你是说，救我的贵人是皇亲贵胄？"

"我可没这么说过。"李龟年赶紧否认，"我只是这样猜的。高力士也没跟我透露具体是哪位贵人。不过你想啊，除了皇亲，谁还能劝得动圣人？"

王维心情低落地叹了口气。人在家中坐，祸从天上来。连累他的人，他防不胜防；救他性命的人，他又不晓得是何方神圣……这日子过得也太糊涂了！

二、字斟句酌裴郎君

从李龟年处离开之后，王维的情绪依然很低落。本来被贬官心情就很不好，如今又多了一重迷雾。有那么一瞬间，他甚至感觉自己站在了人生的十字路口，前后左右都是迷宫，似乎往哪儿走都是死路一条，前路迷茫也不过如此。

他失魂落魄地走着，忽然被一人挡住了去路。王维抬头一看，是裴迪！裴迪是关中人，因为探亲而来到京都。他们二人都擅长写诗，也常常相互写诗酬和。与王维不同的是，裴迪有个怪癖，经常为一字一句斟酌半天，终日苦思冥想。这份执着劲儿恐怕只有五十多年之后出生的贾岛才能与之相匹敌。

王维与裴迪的相识要从一次宴会说起。那时王维刚刚来到洛阳，几乎可以说是个初来乍到的"新手小白"。招贤馆广发请帖，他写了首诗投递上去，凭借才气获得了一张请帖。王维叨陪末座，宴会之上觥筹交错，但鲜少有人跟他往来，好像这些热闹都与他没有关系似的。这场宴会名义上是给人家祝寿，实际上寿星连个影儿都没有，只不过是主人家借了个由头，把一群狐朋狗友和酸腐儒人凑到一起撑个场面罢了。

王维百无聊赖，左右打量，忽然瞧见一个人与其他宾客都不同。其他人锦衣华服，他却身着素衣；其他人推杯换盏、喜笑颜开，他却面沉如水、不苟言笑。更奇怪的是，别人面前都是吃食，他面前放着的却是笔墨纸砚，饭菜早被他推到前面去了。

唐代的餐饮制度是分餐与合餐并行。主人请客，所有人都在同一张桌子上吃饭，除了糕饼、汤水之类是共取，其他菜肴都是分发到每个人面前，自个儿吃自个儿的。那场景就好像现在的人在食堂用餐盘打饭，然后聚在一张桌子上吃饭。

那人面前的饭菜丝毫未动，后来连添菜的奴婢看了都傻眼了，站在他身后愣了好半天才转身去下一位客人那里添。那人身边的朋友推了推他，说："你别再想了，不就是一句诗嘛！我看你前两天写的那句就挺好。做人嘛，别那么较真。"

那人被他推得身体摇晃一下，仍然一言不发，只是拿着毛笔，眉头紧锁地盯着桌上的纸，周围的热闹都与他无关，活脱脱一副"两耳不闻窗外事，一心只读圣贤书"的模样。

趁着奴婢来添菜，王维悄声问她："那个人是谁？"

奴婢顺着王维指的方向回头一瞧，说："您说的那位是裴郎君，是我家主人的朋友。"

"他一直都随身携带文房四宝吗？"

奴婢笑着说："他准是又被什么句子给难住了。郎君您初来乍到，习惯就好。"

"哦，多谢。"王维谢过奴婢，心里好奇到底是什么句子能把人难成这样，就起身凑了过去。他悄悄来到裴迪身后，目光越过他的肩膀落在了纸上。只见草纸正中央工工整整地写着四句诗文，但是最后一句却被删掉了。四句诗文周围又潦草地写了许多单个的字，还有零散的几个句子，看来此人在为最后一句斟酌。

王维在心里默读前三句，思量片刻后伸手抽出裴迪手中的笔，在对方惊愕的目光中于草纸上写下自己续接的尾联。被人扰乱了思绪，裴迪起初十分生气，刚要忍不住质问，却发现夺去他笔的是一位陌生的俊美少年，衣着朴素却气度不凡，于是他便没有作声。他看到这位不速之客给他接续的最后一句诗之后，心里的火气顿时就烟消云散了。

经由王维的接续，原本只是描写山中景色的诗文此时却增添了几分文人的铮铮傲骨。整片山林熬过寒冬，山花烂漫、百鸟争鸣这一派生机勃勃的景象跃然纸上。

裴迪立即起身恭敬拜谢："在下裴迪，关中人士。敢问阁下尊姓大名？"

王维忙说："在下王维，河东人士，初到此处见裴郎君斟酌词句，一时间手痒，实在是献丑了，还望裴郎君勿怪。"

"原来你是从河东来的，怪不得我觉得你很面生。"裴迪说，"不过你我一见如故，你也别叫我'裴郎君'了，就干脆叫我'裴迪'吧。"

"王维恭敬不如从命。"

从此之后，他们常常结伴讨论诗文，两人的交情也越来越深。人们常说，人生得一知己足矣。若说王维这一生仅有一位知己的话，那非裴迪莫属了。二人好诗文，喜山水，同样有着淡泊名利的性格，彼此是怎么看怎么舒服，怎么谈怎么惬意。王维在妻子去世之后，对裴迪的依赖更多了几分，他在《赠裴迪》一诗中写道："不相见，不相见来久。日日泉水头，常忆同携手。携手本同心，复叹忽分襟。相忆今如此，相思深不深？"如此直白的情感抒发，那是怎样的一种对友人的思念之情啊！

王维早就习惯了裴迪斟酌词句时的倔强劲儿。每当与他讨论诗文时，一见他提着毛笔皱着眉头入了神的模样，他就知道这位仁兄又开始了……于是他就自己做别的事情，就算走了也不相告。哪怕是来的时候碰巧见裴迪在沉思，王维也可以在他的家中来去自如。而同样能够如此对待的还有一人，王维与他的相识也算是个巧合。

三、灞桥相送出京都

那时，初到京都的王维一心只想通过参加各种宴会以博取有权有势的人家的关注，好为科举做准备。于是他接二连三参加了许多宴会，可是大部分的结果都不尽如人意。这天，他刚刚结束一场宴会，在回去的路上瞧见酒肆叫卖裴迪喜欢喝的酒，就顺手买了两小坛提着去看望裴迪。

他进门之后才发现，屋里除了裴迪还坐着一个人。王维把酒坛子放到地上，像往常一样随便找个地方坐下。屋里那人看到他这般，疑惑地将他上下打量了一遍，却什么话都没说。他在观察王维的时候，王维也在观察他。只见那人长得相貌堂堂、气宇轩昂，只是眉宇间多了一股傲气。

看到对方略带鄙夷的眼神，王维有些疑惑，低头打量了一下自己：难道我太原王氏已经沦落到这般地步了？

裴迪还沉浸在自己斟字酌句的世界里，丝毫没有注意到一屋之中的尴尬气氛。王维和那位不肯低下高贵头颅的客人各据一席之地，各做着自己的事情。王维铺陈纸笔，在地上作画；那位客人则坐着，一张一张阅读几案上的草纸，两道眉毛一会儿紧锁，一会儿又舒展开来。三人谁都没有开口说话，屋里只有煮茶水的炉子发出的声响。

壶里乾坤大，山中岁月长。时间仿佛在这间屋子里停下了脚步。也不知道究竟过了多久，裴迪突然叫了一声"好"，紧接着一阵哈哈大笑。他爽朗的笑声甚至惊走了屋外树上正在栖息的鸟儿。

裴迪笑够了才注意到眼前的两人："哎！你们都在啊？"

王维看向那人，尴尬一笑。但对方却并不领情，只是冷冷地瞥了一眼，再没有任何回应。

裴迪好像还没有注意到他们两人之间微妙的气氛，又自顾自地把刚写好的诗作大方地拿给他们欣赏。

王维夸赞道："文字简练，意境幽远，是难得的佳作。"

那人也是这个观点，不过这话让王维先说出口，他就有几分不高兴，不相信似的反问他："你也懂诗？"

这话问得王维都不知道该怎么回答了，关键是以前也没有人这么问过他啊。

裴迪这才反应过来，他还没有将这两人互相介绍呢。于是他忙说："都怪我一看诗文就入神，忘了时间，忘记给你们二位介绍了。这位是范阳卢氏北祖帝师房后裔——卢纬卿，这位是太原王氏后裔王维。"

王维恍然大悟。范阳卢氏的大名可是无人不知无人不晓，怪不得卢纬卿这般高傲，也在情理之中。"纬卿"是其字，那人姓卢，单名一个"象"字。卢象出名在外，很受宰相张九龄的器重，不过他身上总有一股子傲气。咱们都知道，有个词叫"盛气凌人"，这是个贬义词。虽然卢象的这股盛气是骨子里天生带的，并非刻意针对谁，但也时常会让人感觉不爽。还好，他遇到了王维这么一个通达之人。此前很多人因此与他有了嫌隙，而他还不自知。后来卢象自然成了众矢之的，被流言蜚语所伤，本来大好的前程变得坎坷不平，他也多次被贬为地方小官。

卢象一听说眼前这人是王维，不觉哑然，心里想：我一见他，就觉得他气度不凡，原来是太原王氏后裔，怪不得能写出那样的诗作，看来这次是我眼拙了……

王维向卢象施礼，卢象也毫不避讳，将自己刚刚是如何将王维错认成上门请求办事的凡夫俗子，又是如何纠结于他举手投足间与凡夫俗子截然不同的气度这些糗事和盘托出。

三人相谈甚欢，推杯换盏之间更是觉得相见恨晚，很快就成为无话不谈的知己好友。而后每当三人相聚，裴迪陷入自己的小世界的时候，他们两个就悄悄地离开，结伴而游，还互相给对方写一些酬答的诗作。

王维考中进士，当了太乐丞，这两位挚友还没来得及与他好好庆祝一番，就收到了他因"黄狮子案"受到牵连、被贬到济州去做司仓参军的消息。三人于今坐在一处把酒言欢，只说一些济州的风俗民情，谁也不敢提"黄狮子案"之事。

"你就放心地去吧！嫂夫人这边我们都会照应着，不会让人欺负了她。"

"是啊。济州司仓参军虽然是外官，但好歹也是个官。留得青山在，不怕没柴烧，相信以你的才华，很快就会回来的。"

王维点点头，说："我还有一件事想拜托两位兄长。我弟弟王缙最近也要来长安备考，到时候还请两位兄长多多帮忙。"

"放心！"

"一定！"

翌日一早，裴迪、卢象、李龟年，还有崔氏等人在灞桥泪眼相送王维。王维迈步上桥，回头看了眼京都，苦笑着，略带自嘲似的留下了一首五言诗《初出济州别城中故人》。

微官易得罪，谪去济川阴。

执政方持法，明君照此心。

闾阎河润上，井邑海云深。

纵有归来日，各愁年鬓侵。

王维心中有诸多的感慨。自己十五岁便到了这长安城，才华尽显，却也不得不穿梭于各种繁华之所，就为了这功名。可如今这功名来了，虽然只得了太乐丞这等的小官闲职，但他也始终认为这只是个开始，至少还留在了这权力中心的长安城里，后面还有无尽的机会。却未曾想到这微末小官才最容易获罪，才刚刚上任，就被贬谪外放。真的是自己做错了什么吗？王维心中清楚，这不过就是掌权者的权力之争。当时这个掌权者正是宰相张说，他与太乐令刘贶的父亲刘知几的矛盾波及了他们。玄宗皇帝或许正是听信了张说的话，才有了这"黄狮子案"。王维有着颇多的感慨和不平，不过事已至此，他也只能畅想一下即将赴任的济州风土。他心中怀揣着必将归来的信念，可何时才能归来呢？或许是遥遥无期……

就这样，为官不过才几个月的王维带着忧郁不平的心踏上了前往济州的路。王维今后该以怎样的心态面对宦海沉浮，他今后的仕途又是否会如同他自己预料的那般令人担忧，这一切都要靠时间来揭晓答案。

第四章　此去欲何言

一、洛阳遇故友

王维收拾行囊前往济州上任。济州就是在如今的山东济宁附近。王维从长安向济州出发，路上与一妇人擦肩而过，这不禁让他想起了自己的母亲。自从在家成亲直至回到京都就任，他已经几个月没有给家里写信，更别说回去看看母亲了。

人总是在失意的时候最想家。王维自九岁丧父之后一直与母亲相依为命，如今仕途受挫，他有满腹的委屈无处倾诉，对母亲的思念之情在此刻化作滚烫的泪水蓄满了眼眶。一阵风吹来，王维假借着被风眯了眼睛，赶紧用袖口擦掉眼泪，装作一副镇定的模样，可心儿却早已飞到了洛阳。

王维的母亲崔氏是一位虔诚的佛教徒，师从当时的名僧大照禅师。据王维在《请施庄为寺表》中说："臣亡母故博陵县君崔氏，师事大照禅师三十余岁，褐衣蔬食，持戒安禅，乐住山林，志求寂静。"据记载，崔氏在天宝九年（750年）去世，按此说往前推三十年，就是公元720年。那个时候大照禅师正在东都洛阳做住持，王维的母亲也应该随之到了洛阳。

因为有上任公职在身，王维来到洛阳也不能常住，可即便如此，能与家人团聚片刻也是件令人高兴的事情。

崔氏正在屋里诵经，听到有人敲门，出来开门一瞧，竟然是王维来了。她前几日隐约听寺庙的香客提起过"黄狮子案"的事情，就十分担心王维会受到牵连，如今王维就好端端地站在自己面前，这不免让她喜出望外。

"我的儿，你受苦了！"崔氏望着王维，伸手抚摸他消瘦的脸庞。

"都是儿子不好，让母亲担心了。不过我这不是没事嘛……"王维边说边搀扶着母亲进屋坐下。

崔氏问他："我听说你被判了流放三千里，怎么如今却到了洛阳？你该不会是逃……"

王维笑着打断了她的话："母亲，您说什么呢！我怎么可能做那种事情呢？这还不是多亏了母亲您常常在拜佛吗？佛祖看您一片虔诚，自然就福荫子孙了。我能逃过此劫，归根到底还是托了母亲您的福。"

王维不想让京都里面复杂的人情世故惊扰到母亲，因此只好用这种蹩脚的借口岔开母亲的话题。他话音刚落，就听到有人在外面叫门。

"王夫人，您在家吗？"

这叫门声宛若天籁，王维如释重负，飞快地起身跑出去接待来客。来人也不是别人，正是王维的故交好友祖咏。祖咏在家排行第三，所以大家又称他为"祖三郎"。王维惊喜道："三郎，你怎么来了？"

"这话该我问你吧！"祖咏也没想到会在这里见到王维，一时之间不知道该做何反应，"你不是被贬了吗？怎么又跑到这儿来了？"

"这件事情说来话长，进来说吧。"王维侧身把祖咏请了进来，"这么长时间没见，咱们今晚秉烛夜谈，通宵达旦如何？"

"好啊！"祖咏喜不自胜。

夜里，两人把酒言欢。王维问祖咏："你怎么会来我家？"

祖咏说："我刚刚得到京都那边的来信，听说你被外调到济州担任司仓参军了，我这不是迫不及待地想把这好消息告诉令堂嘛。你是不知道，自打令堂得知'黄狮子案'之后就整天提心吊胆的。不过我没想到，你居然早一步回来了。哎，现在没外人，你跟我说说，那'黄狮子案'到底怎么回事？"

王维叹了口气，说："我跟你说实话，当时我也是身不由己。我只是这么个从八品下的小官，在那样的场合下岂是我能做主的？不过，这件事的背后远没有看起来这么简单。"

"原来是这样。"祖咏恍然大悟，"好在你没有被流放，你我还能在此相会。"

王维举起酒杯又放下，心事重重地说："其实我到济州也是另有贵人在背后相助。"

祖咏向他探了探身子，好奇地询问："哦？是谁有这么大的本事？"

王维摇摇头说："不清楚，就连这点线索也是旁人告诉我的。我也不知道究竟是谁在帮我。如果知道，我一定要登门拜谢。先不说这个了，告诉你一件事情，在这世界上我终于见到有跟你一样倔的人了。"

"啊？"

王维笑着说："他叫裴迪。跟你一样爱抠字眼儿，经常为了一句诗、一个字，搜肠刮肚好几天不与人交流。"

"我抠字眼儿？我搜肠刮肚不与人交流？"祖咏反问道，显然他对自己这样的行为不自知。

王维笑着说道："对啊，而且我还打算以后有机会介绍你们相互认识一下呢！"

祖咏不好意思地笑笑，一时之间竟无言以对。

二、夜宿虎牢关

王维还要到济州赴任，不敢在洛阳耽搁时日，翌日一早就启程出发了。临行前，祖咏送他到城门口，又依依不舍地跟着走了一段路程。

"送君千里终有一别，我们就此别过。"王维劝祖咏留步，并为他留下了一首诗《喜祖三至留宿》。诗中说："门前洛阳客，下马拂征衣。不枉故人驾，平生多掩扉。行人返深巷，积雪带余晖。早岁同袍者，高车何处归。"

祖咏读完，文思泉涌，便提笔和诗一首："四年不相见，相见复何为。握手言未毕，却令伤别离。升堂还驻马，酌醴便呼儿。语嘿自相对，安用傍人知。"

王维与祖咏挥泪而别，便带着一个书童上路了。走了半晌，借着歇脚的工夫，王维抬头看看前路，发现再往前走过一个山头就到虎牢关了。这时，天边厚重的云层开始往这边飘移，转眼之间就遮住了阳光。

书童说："先生，天要下雨了，我们还是找个地方躲雨吧！"

"好。再往前走走，我记得前面有一个村庄。"王维之前游历于洛阳与长安之间的时候，曾无意中来过这个地方，几年过去了，这里的一草一木竟然还与当时一般无二。看到熟悉的景象，王维不禁有了些许的安慰。

穿过山路，果然见到了村庄。王维循着记忆中的路线找到之前去过的人家。主人家一见是王维，十分高兴。记得当时主人家准备给儿子娶亲，家里没钱找人写对子，正不知如何是好呢。王维路过进来讨碗水喝，看到主人家愁眉不展、唉声叹气，就自告奋勇留下帮忙，解决了这一大难题。

主人家和他的儿子都记着王维的这份恩情，还把他那时候写的字都留了下来，打算以后给孩子临摹。可巧今天又见到王维，主人家怎么能不高兴？于是急忙把他引请进屋。

在雨中能有一个容身之所，王维已经心满意足了。晚上，书童为他整理床铺。他站在窗前向外看去，屋外秋雨绵绵，模糊了远方的地平线。看到孙儿放牧归来，主人家就将他叫到跟前，让他见过王维。小孩并不怕生，拉着王维问东问西。

"小来子，别麻烦王老爷了。你以后要像他一样做个读书人，也做个官老爷。"老人家将孙儿叫过来，问道，"王老爷上次给你留的字你今天临摹了几个？"

小来子伸出两根手指头："两个，'比'字和'翼'字。我去书房拿来给您看。"

一会儿的工夫，小来子就捧着一张纸过来了。王维从小来子手中接过来一看，忍不住点头称赞。小娃娃写得已经蛮有些样子了。

这当口，老人家又开口向王维恭请墨宝作为"教材"。

老人家的心思总是单纯可爱的。王维没有拒绝，当场就洋洋洒洒地写了厚厚的一沓经典古文，又留了一本《论语》给孩子。主人家对此更是千恩万谢。

站在窗前回想刚才的一幕，王维不禁叹了一口气。官场变幻莫测、云谲波诡，他已经深受其害，可是这世间还有多少人对这座围城有着无尽的向往与憧憬。世间的事情真是奇妙……一股愁闷与孤独之感涌上心头，他转身从箱笼里拿出笔墨纸砚，大笔一挥，将此时心绪尽数挥洒在纸上，作了一首《宿郑州》。

> 朝与周人辞，暮投郑人宿。
> 他乡绝俦侣，孤客亲僮仆。
> 宛洛望不见，秋霖晦平陆。
> 田父草际归，村童雨中牧。
> 主人东皋上，时稼绕茅屋。
> 虫思机杼悲，雀喧禾黍熟。
> 明当渡京水，昨晚犹金谷。
> 此去欲何言，穷边徇微禄。

早上离开洛阳，傍晚就已经投宿在郑州。看着眼前山村里的老农、牧童及主人家的那肥沃的良田，本是一派祥和之景，可王维心中却不是滋味。到了异地他乡，没有亲友，只有身边的书童为伴，心中这份悲凉让他颇为感慨。而他也来不及多想，因为明天又要踏上下一段路途。

是啊，这一去还想说些什么呢？还能说什么呢？不过就是到一个偏远的地方挣点微薄的银两罢了。

三、济州有豪贤

在虎牢借宿了一夜，王维一大早就坐船出发，经过荥阳东北的敖仓口来到荥泽。他乘船左右打量，将荥阳的风光尽收眼中。主仆二人来到荥阳时正好赶上集市开门，不仅陆地上一片喧闹繁华，江上也有不少客商渔船往来，远处都能听到叫卖货物、讨价还价的声音。

眺望远方的悠悠白云，王维眼中一片迷茫。他站在船头低低地吟诵："泛舟入荥泽，兹邑乃雄藩。河曲间阎隘，川中烟火繁。因人见风俗，入境闻方言。秋野田畴盛，朝光市井喧。渔商波上客，鸡犬岸旁村。前路白云外，孤帆安可论。"

王维此时看着荥阳江边过往的渔船、商贩、行人，听着这里的方言土语，心情明显已经平复了许多。

离开荥阳之后，王维继续向东前行，等到达济州时已经是八月底九月初了。济州偏远，经济落后，与长安和洛阳的繁华相差甚远。王维来到济州城，眼见满城萧瑟，一阵风吹来，街上的落叶随风而起，在空中打了个旋儿又落回地上。再往前走不多远，就来到了官府衙门。然而即便是代表朝廷颜面的衙门，也是一副年久失修的样子，有些破败。看到济州这副光景，王维的心里不自觉地已经先凉了半截。

司仓参军掌管租调、公廨、仓库等处的仓谷事务，官职虽小，但每天也是公务缠身。王维虽然对于自己被贬的事情耿耿于怀，心怀芥蒂，但是在公务上依然一丝不苟，不敢有丝毫懈怠。也正是因为如此，他在当地深得民心。

在王维看来，只有真正了解当地的风土人情才能管理好仓库。于是，他经常穿梭于田间地头，来往于市井摊铺间，与百姓打成一片。那天，王维像往常一样外出做田野调查，突如其来的大雨倾盆而下，他一个人出来，除了纸笔什么都没带，整个人都被浇成了落汤鸡。还好，王维在田间遇到了一位姓赵的老农。

赵老农在自家地里正察看今年的收成，预备收割庄稼。凭借着多年的经验在他出门前就感觉今天要下雨，于是便披了蓑衣又带了伞。他正在田边看庄稼呢，猛然瞧见大雨里有一个狼狈不堪的人正朝着他这边跑过来。赵老农定睛一看，这不是王参军吗？！

他急忙迎上去，把伞举过王维的头顶给他挡雨："王参军，这么大雨您这是要去哪儿啊？"

王维抹了一把脸上的雨水，浑身发抖地说："我只是来这边看看，没想到这雨说来就来。我未曾带伞，所以才这般狼狈。"说完他又不由自主地打了个喷嚏，"失礼了。"

赵老农说："雨这么大，王参军要是不嫌弃，不如先去我家避一避雨，等雨停了再走吧！"

"那就麻烦老伯了。"王维跟着赵老农回到他家里，又换上赵老农给的干净衣裳，坐在桌前捧着一碗热茶驱寒。

不久，传来了敲门声。赵老农前去开门，将一位道士迎了进来。王维看那人双目炯炯有神，道骨仙风，猜对方一定不是凡夫俗子。而那道士见了王维，观他面相便可知此人不是世家贵族也一定出自书香世家，总之与其身上着的粗布麻衣是不相匹配的。

赵老农将两人相互介绍了一番后，向外看了一眼说："我估计这雨一时半会儿也停不下来。这样，我先去准备饭菜，你们二位慢聊。"

赵老农厨房里的蔬菜大多是从田野里采摘回来的，剩下的只是淘米、煮饭。等他做好了饭菜，雨已经没有那么大了。堂屋里不时地传出爽朗的笑声。

赵老农端来饭菜，看到他们二人正在谈笑风生，于是三人坐下来把酒言欢。

道士名叫"焦炼师"。在大唐，道士的称谓有法师、威仪师、律师等，而道行最为高深的才能被称为"炼师"。而这一位焦炼师，是王维与其见面时对对方客套的称谓，至于是否真有高深的道行，从大唐众多诗人写给焦炼师的诗作之中，可窥得到些端倪。

李白曾写过一首《赠嵩山焦炼师》，其序言这样写道："嵩丘有神人焦炼师者，不知何许妇人也。又云生于齐梁时，其年貌可称五六十。常胎息绝谷，居少室庐，游行若飞，倏忽万里。世或传其入东海，登蓬莱，竟莫能测其往也。余访道少室，尽登三十六峰，闻风有寄，洒翰遥赠。"从中可以得知，这焦炼师应是一位女道人，修行于中岳嵩山，遍游五岳，且此人当时已经年过二三百岁，而容貌却如五六十岁之人一般。显然这已经非凡人所能达到的境界了。李白一直想要寻得机会拜访她，不过最终遍巡三十六峰，也未能寻得道人踪迹。

　　既然是如此高人，那么历史长河之中定然少不了关于她的传说。《太平广记》引《广异记》所述，说这焦炼师在开元年间弟子众多，其中就有一胡姓女子跟随其学道修行三年，尽得其真传。然而三年之后，这女子却要与焦炼师拜别，并向其坦白自己的身份其实是一只野狐。焦炼师一听，这还了得，自己竟然教了一只狐妖出来，于是便要施法将其截留。可是这胡姓女子已得其真传，焦炼师已然困不住她，眼睁睁地看其溜走。焦炼师随即上嵩山顶设坛祈求太上老君帮助自己捉妖。太上老君施法，逼得狐妖现身，而后被云中一神将拦腰斩杀。焦炼师这才舒了一口气，庆幸自己终究没有酿成大错。然而下一秒却傻了眼，太上老君从云雾之中落下，竟变成了那胡姓女子的模样离开了。

　　当然了，这只是一个颇有些哲思意味的神话传说。但也可见，这焦炼师绝对是唐代的隐士高人，而且与众多文人雅士有所交集。

　　焦炼师超脱世俗，不谈政事；赵老农一介布衣百姓，也对政事不太在意；王维更是不喜谈论这些。三人心照不宣地避开了这个微妙的话题，却对出世隐居生活的向往心有灵犀。

　　王维喝酒喝到尽兴时，为焦炼师作了一首诗："先生千岁余，五岳遍曾居。遥识齐侯鼎，新过王母庐。不能师孔墨，何事问长沮。玉管时来凤，铜盘即钓鱼。竦身空里语，明目夜中书。自有还丹术，时论太素初。频蒙露版诏，时降软轮车。山静泉逾响，松高枝转疏。支颐问樵客，世上复何如。"

焦炼师说："好文采！若你隐居修行，他日必定会另有一番成就。"

王维调侃说："我现在不就是在隐居修行吗？"

赵老农早听闻王维的诗文文采好，现在亲眼所见更是喜不胜收，忍不住请求说："早就听说过王参军文采出众，老汉有个不情之请，能不能也请您给我作首诗？"

"这有何难？"

王维向窗外看去，雨渐小，已经有停下的势头。院中蔬菜、草药挂着雨滴，一片新鲜翠绿在微雨中轻轻摇晃身姿，煞是可爱。他回过头来，缓缓开口吟道："虽与人境接，闭门成隐居。道言庄叟事，儒行鲁人余。深巷斜晖静，闲门高柳疏。荷锄修药圃，散帙曝农书。上客摇芳翰，中厨馈野蔬。夫君第高饮，景晏出林间。"

普普通通的田园农家，在王维笔下俨然成了那《陋室铭》中"惟吾德馨"的陋室。这农院虽然处在繁杂俗世之中，而一关门就成了隐士高人的居所。住在这里的人定然如老庄一般既安贫乐道，又有儒家风范。其每日的生活，有田园相伴，即使是下地锄禾也绝不是简单的体力劳作了，那都是生活的情趣啊！归来还要理一理书籍，看来这主人家也绝非平常农夫，而到这里往来之人、欢谈畅饮之客也定非凡人俗士。

王维这诗写得高明，既赞扬了主人家，还捧了自己和对面的焦炼师，一举多得，让在座之人皆欢心舒畅。

赵老农得了诗作，连连道谢。焦炼师又对王维说："与你交谈一番，倒是让我想起了鱼山上的几位朋友。不如明日我引你去与他们见上一见，如何？"

"求之不得！"观人便知友。王维与焦炼师聊得投机，于是也对他口中的"鱼山好友"更加期待起来。

第二天雨过天晴，是个出游的好日子。王维跟着焦炼师来到鱼山，顺着山路一路向上。王维原以为鱼山应该是个无人打扰的安静之所，却没想到这一路上竟然遇到许多百姓。他们都朝着一个方向上去，而焦炼师对此似乎并不惊讶。王维忍不住问他："这里一向有这么多人吗？"

焦炼师说："鱼山之上有一座神女祠，专管行风作雨。前些日子久不下雨，百姓们纷纷到山上烧香求神。昨日天降甘霖，因此百姓们今天都来神女祠中还愿。"

王维提议说："既然这样，那我们也去看一看吧！"

焦炼师同意了。神女祠离这里不远，跟着人群走很快就到了。

神女祠并不华丽，甚至可以说有一些古旧，但与这幽静的山林相得益彰。看着百姓们虔诚跪拜、叩谢的身影，王维拿出随身携带的纸笔，略作思索便在纸上写下《鱼山神女祠歌》。歌词分两阕。上阕名为《迎神》："坎坎击鼓，鱼山之下。吹洞箫，望极浦。女巫进，纷屡舞。陈瑶席，湛清酤。风凄凄兮夜雨，不知神之来兮不来，使我心兮苦复苦。"下阕名为《送神》："纷进舞兮堂前，目眷眷兮琼筵。来不言兮意不传，作暮雨兮愁空山。悲急管兮思繁弦，神之驾兮俨欲旋。倏云收兮雨歇，山青青兮水潺潺。"

离开神女祠，一路上王维总若有所思：自己一心入朝为官，这样做真的是对的吗？顺着石阶而上，焦炼师向王维简单介绍了一番那几位朋友："我这几位朋友与你的际遇或有相似之处，我想你们能谈得来。"

王维说："不如你说一说他们的经历，让我来猜猜他们都是谁。"

焦炼师说："我的这位朋友在武周时期在朝为官，但因不屑与周兴、来俊臣等酷吏为伍而辞官还乡。你可猜得出这是何人？"

王维缓缓地点了点头。

焦炼师继续说："另一位朋友曾在京都相王府里做过文学侍从，却因文采出众而受人排挤，最后满腹委屈离开了王府。"

王维眼眸微动，似乎已经猜到了对方的身份。

焦炼师接着说："还有两位朋友同你一样善于诗文，不过他们出身卑微，却又不肯讨好权贵，因此空有满腹学问也只能靠卖药谋生。"

当听到这两位不肯讨好权贵的朋友时，王维只感觉自己的脸上有些发烫。他虽然没有猜出这二人的身份，但更加迫切地想要结识他们。

雨后山林清新雅致，偶尔传来鸟儿的鸣叫声，更显得山谷幽静。向上看，一座小凉亭在林叶之间隐约显现，有几人正在里面谈笑风生。

又向上走了几步，凉亭的全貌显现在眼前。凉亭里坐着四个人，皆伏在石桌上写写画画。焦炼师领着王维迈步走了进去。焦炼师说："诸位好兴致啊！你们看，我带谁来了？"

"焦炼师，你怎么才来？"

四个人站起来，看他身后还跟着一个相貌不凡的年轻人，顿时面面相觑。其中一人打量了王维一番，大胆猜测说：

"这位就是你常提起的王维吧？"

王维笑着说："正是在下，见过成先生！"

四个人惊讶地盯着王维看。成文学看向焦炼师，那眼神似乎是在问他：是你告诉他的吗？可是焦炼师却一脸无辜地摇了摇头。

"一定是焦炼师告诉你的吧？"另一人说。

王维摇摇头说："成先生文采飞扬，我刚刚看到了你们写的字，所以才大胆猜测的。让崔先生见笑了。"

崔录事蒙了："我……这你又是从何得知？"

王维笑笑说："宁可挂冠归去，也不屑与酷吏为伍！这份气魄可不是谁人都能有的。"

另外二人在一旁拍手称赞，一人说："王维果然慧眼识英雄，但不知是否认得出我二人……"

这还真是给王维出了道难题。成文学和崔录事是在官场混过，总会留下些痕迹，王维认出他们并不难。可是面前这二人既不肯阿谀奉承权贵，也没有在豪门宴席的圈子里留下任何痕迹，要认出他们还真不是一件容易的事情。

王维的目光在他们身上打量了一番，思索片刻后说："如我所料不错，这位应该是郑先生，这位是霍先生……"

两人惊讶地盯着他："这可真是奇了，你是如何认出我们的？"

王维说："实不相瞒，在来的路上，当焦炼师描述二位的时候，在下确实没有什么印象。只不过刚进凉亭时闻到了一股药香，在下忽然想起几日前曾到访城中各大药铺，无意间听人谈论过两位仁兄，这才斗胆一猜。"

四个人一愣，很快便被王维的敏捷思维与坦诚相待所折服。焦炼师将王维写的诗文拿出来给他们看。当看到王维为神女祠写的歌，四个人都赞不绝口；当看到王维为焦炼师作的诗时，成文学更是调侃："早就听闻你学识过人，不过只给焦炼师写诗也未免有些厚此薄彼了。今天你若不给我们也留下一首诗，我们可不饶你！"

"成先生所言甚是，那在下就献丑了。"王维提笔一气呵成。几人围聚在一起看着他的笔触在纸上游走。

"这首诗为崔先生而作。解印归田里，贤哉此丈夫！少年曾任侠，晚节更为儒。遁世东山下，因家沧海隅。已闻能狎鸟，余欲共乘桴。"

"这首为成先生。宝剑千金装，登君白玉堂。身为平原客，家有邯郸娼。使气公卿坐，论心游侠场。中年不得意，谢病客游梁。"

王维的言行举止真是处处透着高情商。这成先生曾在王府中任文学一职，见过的文人雅客不少，对其阿谀者也甚众。而王维作的诗文一开始并不直接夸赞，而是说自己要盛装相见，那么相见之人定是自己极为尊敬之人；又说他们都有着不灭的意气，有着同样远大的抱负和理想，虽然都一时遭遇坎坷，但见到与自己志同道合之人又"相逢意气为君饮"。

"郑先生和霍先生气质高洁，我以一首诗送给二位，还望二位先生不要嫌弃。"王维提笔写下："翩翩繁华子，多出金张门。幸有先人业，早蒙明主恩。童年且未学，肉食骛华轩。岂乏中林士，无人荐至尊。郑公老泉石，霍子安丘樊。卖药不二价，著书盈万言。息阴无恶木，饮水必清源。吾贱不及议，斯人竟谁论！"

王维说："四位都是济州豪杰，我愿将这三首诗并作《济上四贤咏》。"

四、仆射遗爱碑

不知不觉王维已经在济州做了三年的司仓参军，但两都中一点职位调动的风吹草动都不曾有。其实王维对此也有所预料，毕竟司仓参军实在是个微不足道的官职，谁会天天把他挂在心上呢？

虽然没有把他调回京都的迹象，但济州的刺史却被调走了。新刺史叫裴耀卿。裴耀卿自幼聪慧，素有"神童"的美誉，二十岁就被任命为秘书省正字、相王府典签，开元元年（713 年）时担任长安令，以雷霆手段解决了长安奸邪欺瞒的弊病。裴耀卿任职期间深受百姓爱戴，离开之后也为百姓所怀念。

王维与裴耀卿在长安见过几次面，裴耀卿非常欣赏王维的才华，王维也仰慕裴耀卿的雷厉风行。双方神交已久，却没有过多的接触。王维没有想到如今竟会有机会与裴耀卿同州共事。

听说裴耀卿来做济州刺史，王维高兴坏了。新官上任，按常理整个衙门的官吏都要出去迎接，此外还要在新官到任的当晚在酒楼设宴为其接风洗尘。虽然王维一直都不赞同这种铺张浪费的做法，也不愿意出现在这种虚与委蛇的社交场合，但是今天来的人是裴耀卿，说实话，他的心里其实是有些期待的。

　　裴耀卿与王维心有灵犀，同样不喜欢这种场合，但是在朝为官，有些应酬的场合也不得不参加。当地的官员看裴耀卿在酒桌上谈笑风生，心里便以为他跟其他的官员一样，都是天下的乌鸦一般黑。

　　可谁知第二天，裴耀卿就发布了对本州官吏考核的标准，考核范围自然也包括昨晚接风宴上出席的所有官员。有的官吏仗着自己在济州待的时间长，有自己的势力，便不把裴耀卿放在眼里，对这一套官吏考核不屑一顾、嗤之以鼻，每天依旧我行我素。裴耀卿立即将他的所作所为上报朝廷，很快就把那名不知天高地厚的官员撤职查办。另外，一批平时表现好，却一直被人打压、没有得到肯定的官吏，在这次的考核中被裴耀卿上报给朝廷，获得了朝廷的嘉奖。

　　一石激起千层浪，搞定了最难啃的骨头，激发了丧失斗志的人心，剩下的墙头草自然知道该往哪儿倒了。托裴耀卿的福，王维的名字又重新活跃在朝廷之上，但这是后话了。

　　一天，王维像往常一样在街上走访调查，体察民情。他正在面摊上一边吃面一边与老板聊天，忽然看到一衙役气喘吁吁地跑过来："王……王参军，刺史……刺史大人找您过去……"

　　王维气定神闲，并未放下碗筷："刺史大人没说是什么事吗？"

　　"没说，不过看起来挺着急的。"衙役说道，"哎呀王参军，您怎么还有心情吃面啊？刺史那边找您找得都要火烧眉毛了！"

　　"我现在就过去。"王维结了账，慢条斯理地走着。

衙役实在看不下去，半搀半拖着他火急火燎地往回跑。

王维在门外整理好衣冠才迈步走进去。屋里正在开会，他在门口就听到了里面在说皇帝泰山封禅大典的事情。济州官员都说这会扰民，可是旨意已定，绝不能更改。裴耀卿此次召集各位官员就是为了商讨一个既能够迎接圣驾又不至于剥削百姓的两全其美之策。屋里的官员对此全都束手无策。是啊，世间安得双全法，不负皇恩不负卿。

王维心里大概有了底，这才走了进去。其他官员看到王维，都不太理解：这里正商议封禅大事呢，他一个管仓库的小官来干什么？还嫌这里不够乱吗？

裴耀卿见到王维，便把刚才的事情对他讲了一遍，并征求他的想法。王维平时经常走访民间，关注各大仓库的物资储备情况，可以说对仓库里有什么、缺什么已经了如指掌。面对裴耀卿的询问，他自然应答如流，并且提议将济州分区管理，每个区都设相应的物资储备仓，一旦发现某处短缺，附近其他仓库要立即向该处提供物资支持。王维虽然没有明确提出解决办法，但实际上他所说的暗含了"一方有难，八方支援"的通力合作精神。

裴耀卿采纳了王维的建议，设置了三梁十驿，并为此做了更加周密的物资调动的安排计划。皇帝的泰山封禅大典如期举行，皇家仪仗队浩浩荡荡，绵延百里。封禅结束之后，皇帝重点表扬了裴耀卿设置三梁十驿的举措，并颁发了一道旨意，调他出任宣州刺史。

济州这边刚刚送走了皇帝就接连下了十几天的大雨。百姓们纷纷跑到神女祠祷告停雨，可是大雨还在下，没有任何晴天的征兆。最可怕的是黄河水位在不停上涨，眼看着大水就要漫过堤坝。在河水和雨水的冲刷与撞击之下，一些年久失修的河堤开始出现了裂痕，有的地方甚至出现小面积的滑坡，若再不及时抢修，整个堤坝都会垮塌，到时候黄河水淹济州城，无数的百姓恐怕都要流离失所。

裴耀卿率领相关人员视察了河堤的情况，决定连夜动用国库的物资组织百姓一起动手加固河堤，共同守护济州城的安全。可是每个地方的国库物资京都都记录在册，非召令不能擅自动用。可事态紧急，哪怕现在向朝廷上疏，等到批文下来，黄花菜都凉了。裴耀卿再三思量，还是决定动用国库资源。对此，王维也支持他的决定。

可是仍然有一批官员为了保住自己头上的乌纱帽，反对私自动用国库，一定要等到有批文才肯答应。裴耀卿力排众议："我等身为朝廷命官，身为百姓的父母官，济州城的存亡、百姓的生死全都系于我等手中。我现在就写公文请旨，但国库必须立刻开启。倘若朝廷怪罪下来，由我一人承担，与诸位无关。"

大雨瓢泼中，驿卒快马加鞭将公文送出。裴耀卿亲自带领百姓奋战在修复河堤的一线。大雨一直未停，裴耀卿率领众人也一刻不敢停歇。王维与一众官吏在后方清点物资，缺货补货，拼尽全力保证救灾物资充足，不被克扣。

驿卒冒雨回来，跟着回来的还有一个人。王维上河堤见到裴耀卿，让他赶紧回去，自己暂时替他在河堤上坐镇指挥。片刻之后，裴耀卿回来，二话没说，立刻投身抢修工作中。

王维回到仓库，却看到其他官员放着手中一堆的活儿不干，正无所事事地喝茶、闲聊。他有些恼火，强压着愤怒说："你们倒是很清闲！"

官员都不以为意，还招呼他过来："王参军，你别发火啊！我看这修河堤的事儿很快就能结束了。"

王维一愣，他记得自己刚刚回来的时候，还有好多地方没有抢修完，怎么会很快结束了呢？"你这话是什么意思？"

一个官员说："你还不知道吧？咱们的刺史大人要升官了。刚才有人来宣旨，圣人嘉奖刺史大人封禅事宜处理得当，特别擢升他任宣州刺史。宣州可是个好地方！我看要不了多久咱们的裴大人就要走马上任咯！"

他们说得没错，宣州确实要比济州强上百倍，而且圣旨已下，裴耀卿也不得不走。可是他这一走，这满城的百姓又该怎么办？

王维心急如焚，但又不知道该如何开口，于是决定先把眼前的事情做好。刺史离开了，司仓参军还在这里，救灾的物资绝不能有丝毫短缺。他本来以为接下来会度过一段艰难的时期，可是一连几天裴耀卿对此事都绝口不提，外人甚至都不知道他得到了升官的旨意。

那天，王维整理好仓库储备的资料准备拿给裴耀卿过目，在书房外听到他与巡抚争执起来。巡抚勒令他立即走马上任，可裴耀卿据理力争执意要留在济州。最终巡抚拗不过他，负气离开。

王维赶紧闪身到柱子后面躲一躲，等巡抚走了才进书房。他把账目递给裴耀卿，然后问："调任文书已经下了，大人您为何不去赴任呢？"

裴耀卿道："现在抗洪救灾的事情正进行到紧要关头，

我如果走了必将民心不稳，到时候功败垂成事小，成千上万济州百姓的性命事大。"

裴耀卿的话还没说完，外面就有人急速来报："报！不好了！大坝决堤，黄河水已经漫过城墙灌入城中了！"

裴耀卿立刻飞奔而去。王维紧随其后，立即准备草袋、沙土包、巨石等物资，不断地向堤坝处运输。

洪水像一只猛兽从缺口咆哮着冲进来，人们向它扔过去的草袋和沙土包非但没能制止它，反而激怒了它，使它更加狂暴，嘶吼着吞噬了无数条无辜的生命。看着官兵和百姓们的身影一个一个消失在洪水之中，原本留在现场指挥抗洪的官员，此时早已经被吓得不见了踪影。但裴耀卿没有后退，他身先士卒，跟着搬运巨石的官兵冲向前方。

人群中有人认出了裴耀卿和王维的身影，高声大喊："是刺史大人和王参军！"

这一嗓子喊出来，原本绝望的官民心中顿时又生出了勇气，热血沸腾起来，重新投入了与洪水搏斗的战斗中。与此同时，裴耀卿紧急调来的增援士兵也及时赶了过来。一块巨石被冲走了，一块又投了进去，直到缺口被填满，沙土包在后面也一层接着一层飞快地垒了起来，被制服的洪水咆哮着向下游冲去。

三天三夜过去，雨渐停，黄河水渐渐恢复了平静，这一场抗洪抢险终于画上了句号。这时候，裴耀卿才将调任的圣旨公布于众。临行前，他又将这次抢修河堤的考核写成奏折报给了朝廷。

王维随众人送裴耀卿出城，谁知他们刚刚走到城门口身后便一片喧哗。大家回头一看，原来是堤坝附近的上千名百姓看到告示，自发前来给裴耀卿送行。一位老者端过一碗酒，步履蹒跚地走到裴耀卿面前，对他说："上官接到圣旨原本可以立即赴任，却冒着性命危险留下来保护我们济州城的百姓，上官于我们的恩情如同再生父母。老朽代表济州城所有百姓敬上官一碗酒，请上官一定要喝下！"

裴耀卿在所有人的注视下郑重其事地接过碗，仰头一饮而尽。他刚转身走了几步，却听到身后传来一片"扑通扑通"的声音，转身一瞧，济州城的百姓们都已双膝跪地。裴耀卿心中为之一振，也跪了下来，向济州百姓们磕头道谢。跪毕，双方这才洒泪挥别。

裴耀卿离开之后，王维每次想起这件事情都不免心有余悸。后来他得知，黄河水位上涨，受到威胁的不只是济州一处，其他地区黄河都决堤，冲毁房屋、良田无数，死伤灾民更是不计其数，唯有济州，算是平安。

后来百姓们自发地为裴耀卿竖碑，赵老农出面找了王维，请他在上面为裴耀卿题文。王维心中早有此意，听到这件事情就立马答应下来。很快，一块《裴仆射济州遗爱碑》就在济州竖立起来了。

这之后，王维的日子又恢复了往日的平淡。

第四卷

宦海且浮沉

第一章　辞官居淇上

一、久别归故里

王维在济州待了大约五年的时间。裴耀卿临走前将加固堤坝共抗洪水的事情写了一份奏折呈上朝廷，还在里面重点提到了王维的功劳。按理说朝廷这么重视裴耀卿，他写的奏折一定很快就会有回应，可是王维等了很长时间也没有等来朝廷的任命，就连他在长安、洛阳等地的朋友们也没有听说朝廷对这件事情有什么说法。

王维的耐心已经被消磨殆尽。他向济州的长官请辞，在寒食节之前离开了济州。这一路上，王维怎么也想不通是哪里出了问题。转眼间寒食节到了，这一日王维在广武城的官驿投宿。

因为寒食节的缘故，城里不许动明火，一整天都要吃冷食。官驿准备了馓子、青团，配上一点冷粥和乌米饭给住客吃。王维吃不下饭，独自喝着冷酒。回想自己年少时的意气风发，又想到"黄狮子案"的贬官挫败，自己在济州五年的光阴虽然无功无过，但跟报效国家的壮志相比，终究还是辜负了时光。这次回洛阳，王维不知道该如何面对家人和朋友，也不知道以后的仕途会如何。如果朝廷知道了他没有等到批文就直接请辞回家，不知道等待他的又将会是什么结局……过去、未来交错着在王维的脑袋里盘旋，酒过三巡，他听到窗外鸟啼，眼前迷迷糊糊地浮现出乘船回家的景象。

王维借着酒意踉跄起身，书童刚想要搀扶，却被他挥开手臂挡在一边。书童跟了他许多年，一看他往书桌的方向走去就知道他有灵感了，于是急忙为他磨墨。王维醉眼蒙眬地挥毫写下："广武城边逢暮春，汶阳归客泪沾巾。落花寂寂啼山鸟，杨柳青青渡水人。"两滴眼泪掉在纸上，晕开了笔墨，竟将一个"鸟"字染成了一团图像。

看到王维醉酒伤心落泪，书童也不免悲从心来。从王维十五岁离家到长安，书童就一直跟在他身边，十多年的时光都有他陪着王维，可以说没有人比他更了解王维的一切了。

他见证过王维得意时的神采飞扬，也目睹过他遭受打击时的失意落魄。堂堂一个少年英才，还是新科进士，只是被授予了一个小小的太乐丞就罢了，最后竟然受到池鱼之殃，被贬官外放到济州这个偏远之地做了一个小小的司仓参军。即使如此，王维依然没有放弃。司仓参军再小也是朝廷官员，也要为百姓踏实做事。但是他的辛辛苦苦、兢兢业业却没换来朝廷的任何嘉奖，哪怕一句口头表扬都没有。书童在心里替王维感到委屈：这要是换作自己，早就辞官不干了，回家务农都比在这儿受这份窝囊气强！

寒食节过后不到两天，王维就抵达了洛阳。听说王维回来，弟弟王缙也从长安带着嫂夫人赶回来团聚。一家人其乐融融的时光似乎冲淡了王维官场失意的落寞。饭罢，王维的母亲照旧到家中的佛堂礼佛。妻子崔氏打理家务，为他收拾床铺。王缙许久没有见王维，兴奋得一直拉着他说话。

王维问他："你这次的科举准备得怎么样了？"

王缙信心十足："兄长放心，这次我必定榜上有名！"

"你有这份自信就可以了。"王维看到弟弟这副朝气蓬勃的样子，不由想起了自己当初中榜时的模样，但一想到后来发生的事情，他的语气中不免又带有几分落寞。

王缙也察觉到了王维情绪上的不太对劲，于是等嫂夫人出去之后才悄悄问他："刚刚母亲问你在济州过得怎么样，你只报喜不报忧。现在只有我们两个，兄长大可以直说，你在济州是不是发生了什么不愉快的事情？"

王维不忍心打击王缙准备科举的积极性，而且济州那边的事也确实没什么好说的。他摇摇头，说："没什么事情。只是我这些天舟车劳顿，有些累了。"

"那我先走了，兄长好好休息吧。"王缙起身走到门口，又忽然停下脚步说，"对了，我刚刚想起来，圣人泰山封禅大赦天下，我在长安的时候听说郑五兄也在名单之中。我临行前告诉他你要回来的事情，估计他这两天可能会来看你。"

"我知道了，你去吧。"王维长舒一口气，为郑五感到庆幸。

郑五是邠人，在京都任右扶风。在他的辖区，春风化雨与雷厉风行之风并行，百姓安居乐业，风俗逐渐清朗。但是他所在的地方不仅居住着百姓，更有五陵豪强杂居其中。这伙人仗着自己家里有点背景，经常干些欺男霸女的腌臜事。郑五为百姓秉公执法，必然会得罪他们。果然他后来就被人摆了一道，削职为民。这还没完，之前受过他法办的不法分子得知他被削职，纷纷冒出来找他的麻烦，所以郑五在京过得十分凄惨。

现在听说他得到赦免，王维打心眼里替他高兴，同时也暗生惆怅，不知自己什么时候才能有这样的际遇。

王缙说得没错，郑五很快就登门拜访了。

两人坐在屋里。郑五说："早就听说你去了济州，我一直想去看你，奈何时运不济，无可奈何啊。起先，我还担心你会不会想不开，现在看到你好好的，我就放心了。"

王维笑笑，问他："我听说圣人大赦天下的名单里有你，可是要帮你官复原职？"

郑五摆摆手，说："任职文书刚刚下来，把我安排去新都了。我即刻就要上任，想着怎么也要来拜访你，所以绕道到你这里来看一眼就得走了。"

王维为郑五写下一篇《送郑五赴任新都序》，并目送他离开。看着他的背影，王维心里隐隐有些高兴：看来自己在济州这些年也不算是一事无成。

二、两袖有清风

在家闲居的日子，王维到处游历以打发时间。忽然听闻卢氏县新调来一位官员，爱民如子，执政严明，把当地治理得井井有条，王维对这个人起了好奇心。打听之下他才知道这人叫"房琯"，皇帝的《封禅书》就是出自他的手笔。中书令张说看中了他的才华，向上面推举他，皇帝也十分欣赏他，于是给了他一个秘书省校书郎的职务，后来又调他去做同州冯翊尉。但是没过多久，房琯就自己辞官不干，后来自己搞了一个县令举，当上了虢州的卢氏令。

王维根据传言来到卢氏县，映入眼帘的一切让他有些触景生情。他本来以为济州已经很偏远落后了，没想到卢氏县这地界还不如济州呢。这房琯他图什么呢？

王维将拜帖投递上去。房琯一听说王维来了，立刻出来将他迎了进来。虽然说是卢氏令，可是房琯屋子里的陈设却十分简单，而且办公的书房和睡觉的卧室都在一处。王维前来拜访的时候，房琯正待在屋里看书，不曾梳洗，看上去有点披头散发、衣冠不整，狼狈中还透出几分羞赧。

二人相谈甚欢。王维一连几天跟着房琯在卢氏县游览，感受当地的风土人情。卢氏县虽然地处偏僻，人烟稀少，但是在房琯的治理下，百姓每天日出而作、日落而息，每家每户桑榆相望，鸡犬相闻，一片祥和。

王维在卢氏县逗留期间，几度萌生了留下来隐居的念头，但想到自己还有使命没有完成，只能叹息作罢。临行前夕，房琯为王维饯行。王维酒意上涌，诗兴大发，当场写了一首诗送给房琯。诗中这样写道："达人无不可，忘己爱苍生。岂复少十室，弦歌在两楹。浮人日已归，但坐事农耕。桑榆郁相望，邑里多鸡鸣。秋山一何净，苍翠临寒城。视事兼偃卧，对书不簪缨。萧条人吏疏，鸟雀下空庭。鄙夫心所尚，晚节异平生。将从海岳居，守静解天刑。或可累安邑，茅茨君试营。"

王维把这几天在卢氏县中的所见所闻、当地的地理环境、百姓的生活,以及房琯的工作生活状况一一写进了诗里。诗的开头就回答了自己最初的疑惑:怎么会有人放弃高官厚禄而到一个鸟不拉屎的破地方呢?原来不是别的什么原因,只是因为他心里装的是天下苍生,从而忘记了自己,才不会计较得失。在诗的最后,王维借着酒意说出了他想在这里结庐隐居的向往,可是迫于现实生活,他又不得不放弃这个不切实际的幻想,鼓起勇气面对现实。

离开卢氏县后,王维陆续又去了其他几个地方。他没有什么计划,只是想在清闲的日子里给自己找些事情做,把时间都占满,免得闲下来胡思乱想。

一天,他在外面转了一圈回到洛阳,忽然见到一支皇家队伍浩浩荡荡地从城门进来,停留在一户不起眼的府邸门口。

府邸门口围了一圈看热闹的群众。王维挤进去抬头一瞧,这家在办丧事,门口的匾额上写着“韦府”两个大字。他一时间没反应过来这是谁家,于是向身边的人打听:“请问这府中的主人是何人?”

身旁的人对他的问题十分惊讶:“何人?你连大理卿韦上官都不知道?!”

王维谦逊地请教:“初来乍到确实不知,还望兄台不吝赐教。”

那人说:“韦上官可是个好官,不仅明察秋毫,断案如神,关键还是个两袖清风的清官。别的不说,就说过寿吧,你说说哪个当官的过寿不得摆上几大桌子显摆显摆,咱们韦上官就从不搞这些派头。我听说他过寿那天就买了几坛浊酒,约了几位朋友到外面小聚了一下。”

另有一人听到他们在谈论韦抗，也凑过来说："可不是吗？我刚刚打听到，别看韦上官住了这么个气派的官邸，但这都是官家的，他自己根本就没有多少家产。你们猜朝廷这次是干什么来的？"

"干什么来的？"

那人继续说："韦上官节俭清廉，他的家人想给他办体面一点的丧事都没钱。这不，朝廷听说了这事儿，特地给韦上官送来了灵柩，还给了好些抚恤金。要我说啊，这年头像韦上官这样的好官那真是不多了……"

王维听后深受感动，到韦抗生前所到之处游览了一番，心里生出无限感慨。他在家中提笔写下《晦日游大理韦卿城南别业》，烧给韦抗，也算是聊表寸心了。火焰跳动，把王维的脸照得热辣辣的。王维怔怔地盯着跃动的火焰，或许在思考未来该如何走，又或许在缅怀离去的朋友……

三、淇上好风光

在王维回家的这段时间里，弟弟王缙因为要参加科举考试的缘故已经离开洛阳奔赴长安，几个好友也都是上任的上任，归隐的归隐，洛阳只剩下自己一个人孤苦无依。每每想到这里，王维的心里就充满了惆怅。有时候他神情恍惚得不知道自己到底是谁，更加不知道自己存在的意义。

下雨了，妻子崔氏身体不适，咳嗽起来。王维冒雨到街上买药，回家熬药的时候发现家里的米缸快要见底了。于是在给崔氏喝了药之后，他又出门去买米。卖米的老板见他来，与他说好了价格，二话不说就答应了，并且还亲自帮他把米送到家里。

王维喜滋滋地把这事儿告诉妻子。崔氏听到这话，眉头紧蹙，苦着脸问王维："你知道他为什么对你这么热情吗？"

"为什么？"

崔氏说："因为你给他的价格比我们平时给的高出了一半。"

王维手上的茶差点洒在身上。"什么？不可能！各州的粮价虽说有差距，可也不会差别这么大。我留意过，米店墙上都有明码标价，不可能胡乱要价的。而且大家都是街里街坊的，他怎么可能这么对我？"

崔氏无奈地笑了："墙上挂着的是给外人看的价格。我们经常到他家买米自然是要给我们便宜一些。你不常去买米，他们见你眼生，自然就用了一般的价格。不然你以为他们为什么会对你这么热情？还不是把你当成了冤大头。"

王维一时语塞，好歹自己也是当过司仓参军的人，居然连这一层都没想到，不禁有些汗颜。

崔氏又说："虽然你在文坛上有点诗名，但是对柴米油盐酱醋茶这些琐碎的事情实在是一窍不通。我算一算，你这次买米就花掉了大半的家用。现在才月初，看来接下来的大半个月里，我们可有得熬了。"

崔氏说完又咳嗽起来。王维无言以对，只是心里十分愧疚。他始终想不通，自己明明是太原王氏的后裔，又是进士出身，怎么就混成了这个样子？王维站在门口抬头看着雨水从屋檐上落下，形成一道道雨帘，心情也像这天气一样变得阴郁起来。

这时，突然有人敲门，是隔壁邻居家的大嫂子。见是王维开门，大嫂子愣了一下，继而堆起颇显客气而生疏的笑脸说："王郎在家啊？"

王维看她手里提着一个小篮子，篮子上盖着一块洗得泛了白的蓝布，就猜她大概是要来找自己母亲的，于是便问她："大嫂子，您是来找家母的？"

邻居摆手说："不是的，我是来找崔娘子的。我听说她病了，来给她送点鸡蛋补补身子。"

在唐代，鸡蛋是很珍贵的东西，王维不知道该不该接过来。这时候，只见屋里的崔氏拖着病体扶着门走出来："大嫂子，您来了，快进来坐吧。"

"你怎么出来了？"王维赶紧往回跑几步，搀扶着她回屋休息。

崔氏说："你不用担心，这只是小病。我自己的身体自己知道。再说我家里是开药铺的，我也略微懂些药理，我没事的。大嫂子，您进来坐，我把衣服拿给您。"

今天有王维在场，邻居显得有些拘谨，也不敢在屋里久坐，拿了衣服之后就快快离开了。临走时，她还不忘嘱咐："这些鸡蛋你一定要记得吃啊！"好像是生怕崔氏把鸡蛋退还给她似的。

王维看妻子把衣服拿给人家，问她："这是怎么回事？"

崔氏说："你寄回来的钱勉强够咱们一家几口人的吃穿用度。可是小妹逐渐长大要攒嫁妆，缙弟科举也要花费，所以我平时就做些针线活来贴补家用。"

王维听了心里十分不是滋味儿。所有的人都在奋力地生活、努力地打拼，好像只有自己置身事外，做着一个甩手掌柜。难道读孔夫子的圣贤书就是要他做一个毫无担当的废物吗？

王维的心中重新燃起了斗志，于是他决定写信给京都的朋友，让他们帮忙到吏部周旋一下，给自己谋一个缺。

三天之后传来了两个好消息：一个是王缙考中了"高才沉沦草泽自举科"，另一个是吏部已经同意安排王维到淇上做个小官了。全家人一番欢庆之后，王维踏上了赴任的路途。

夕阳西下，太行山的黑影横亘在眼前。王维凝望着落日余晖，委屈、辛酸与迷茫一股脑地涌上心头，脱口而出："日夕见太行，沉吟未能去。问君何以然，世网婴我故。小妹日成长，兄弟未有娶。家贫禄既薄，储蓄非有素。几回欲奋飞，踟蹰复相顾。孙登长啸台，松竹有遗处。相去讵几许，故人在中路。爱染日已薄，禅寂日已固。忽乎吾将行，宁俟岁云暮。"

在淇上做个闲散小官，日子不比济州好多少，但好歹每天都有些事情做，能够赚些微薄的俸禄养家糊口，也算是人尽其才了。淇上风光秀丽，依傍淇水，原野坦荡如砥。这里人少事也少，日子过得虽然不够富裕，但也算安稳。淇水从村落间穿过，日夜不停。太阳升起的时候，牧童就赶着牛出去，猎犬也撒着欢儿跟随主人进山。对于猎人来说这是维持一家人生计的工作，对于猎犬来说这或许只是一项能让它的主人高兴的娱乐活动。而王维自己，还没到天黑就已经房门关上，在房间里静静地享受一个人的时光。

家里人几次去信问他在淇上过得如何，王维只是像往常一样报喜不报忧，让他们别担心。偶尔他还会怀念以前风光无限的日子，但那也只是一个闪念，很快就不见了。在这个寂静的夜晚，听着不远处传来的几声犬吠，王维早早睡下。桌上放着一首他刚刚写好的诗："屏居淇水上，东野旷无山。日隐桑柘外，河明闾井间。牧童望村去，猎犬随人还。静者亦何事，荆扉乘昼关。"

第二章　失挚爱，此生不渝

一、花落人散去

王维是闲不住的，很快他就离开淇上来到了长安。可是他到长安没多久就收到了噩耗，妻子崔氏病逝了。王维急忙回家，映入眼帘的是满院满屋的白绫。白绫随风飘扬，轻轻地拂过他的身体，就像崔氏在他身边与他亲昵耳语一样。

崔老夫人和小妹都在家中操办丧事。王缙也从外地匆忙赶回来了。

崔氏从前些年开始就一直咳嗽，不过那时候只以为是受了风寒，喝几服药就好了，也就没当回事。后来连着用了好些药都没有起色，病情越发严重起来才发觉那并不是风寒。王维写信给身处五湖四海的朋友，希望他们能够帮忙寻找名医。朋友们确实上心，介绍了许多郎中来给崔氏看病，但都没有效果。

看着崔氏的身形日渐消瘦，王维心急如焚，换了一个又一个郎中。今年春天，城里的桃花开了，崔氏的精神似乎好了很多，脸色也逐渐红润起来，甚至还抱着孩子与崔老夫人和崔小妹一起到城外的山上赏花。那时，王维身在长安，他正为崔氏寻求良医治病，而这不仅需要大笔的花费，还需要一定人脉，所以他准备重新接触一些高官。也就是在这个时候他接到了崔氏的来信，这让他放心了不少。可是谁料到，这封信寄出去还没有几天，崔氏就病倒了，这一倒下就再也没有起来。在她的床头，还放着一件为王维缝了一半的衣服。

王维强忍泪水，为亡妻守灵七日。他有许多话想要说，可又都无从说起。每当他看到亡妻的牌位，心里就涌上无限的悲伤。原本擅长写诗的他此时却连一个字都写不出来，甚至在心里开始抗拒回忆有关妻子的一切，好像这样就能够逃避妻子已经去世的事实。

下葬当天，天降惊雷，大雨滂沱。妻子的棺椁消失在泥泞中，消失在雨幕里……所有人都离开了，只剩下王维自己与一块冰冷的石碑相互依偎。"天将降大任于是人也，必先苦其心志"，老天似乎觉得给他的磨砺还不够，于是在他的旧伤口上又添了一道新伤。

王维的儿子病了，据郎中说是被惊雷吓出了毛病。小孩子瞪大着眼睛，不吃不喝就只是哭，无论怎么哄怎么逗，他都不肯停下来，一直哭个不停。众人束手无策。在小孩子接连大哭一天一夜之后，终于停止了哭泣，与此同时停止的，还有他的呼吸。

崔氏的坟墓旁又竖起了一方小小的墓碑，远远望去就像是一个孩子依偎着母亲一样。按理说写悼词的事情，有王维在就不用麻烦别人了，可是他自己也受了很大的打击，说什么都不肯为妻儿写悼词。没办法，王缙只好替哥哥写悼词，并把悼词烧给崔氏母子。

自打崔氏去世之后，王维一直把自己关在屋子里，不出门，也不与人交流，只是每天看着崔氏的画像一言不发。他的精神状况实在是让人担心。崔老夫人每天都在佛堂里念经，为崔氏母子超度，为王维祈福。可是日子一天天过去，王维的精神状况却丝毫没有好转的迹象，人也越发消瘦起来。

这样下去，恐怕过不了多久，崔老夫人就得白发人送黑发人了。王缙也是看在眼里急在心里。这时候隔壁那热心邻居，即常来找崔氏做衣服的大嫂向崔老夫人建议给王维娶一个继室。

"男人嘛，有了新欢自然就会慢慢遗忘旧爱的。"

虽然这话不大中听，但是娶了新媳妇也真说不定就能让王维从丧妻、丧子的伤痛中走出来。

二、此心永不移

听说王维失去了妻子，朋友纷纷从各地寄来了书信安慰他。与此同时，邻居大嫂也找来了媒婆来给王维做媒。听说是王维，媒婆原本不想接下这个活儿，毕竟他家刚刚办了白事，多少沾点晦气，可是耐不住大嫂的软磨硬泡，媒婆最终还是答应下来。

王维在屋里睹物思人，每天不修边幅，邋里邋遢的，没有一点读书人该有的模样。媒婆上门时，崔小妹好说歹说才让王维梳洗一番，换了身新衣服出来见人。媒婆阅人无数，一眼就瞧出王维虽然全身上下打扮得还算得体，但脸上的憔悴和双目无神是遮也遮不住的。

王维失魂落魄地坐下来，听说了媒婆的来意之后，起身施礼说："多谢王婆的美意，只是我妻儿刚刚逝去，家中白事未尽，实在不宜另结新欢。白白劳烦您跑这一趟了，实在对不住。家中还有事，我就不送了。"

书童便要送客，隔壁大嫂却拦下了媒婆，并对王维说："我知道你心里难受，可是这日子也得往前看，不是吗？就算你不为自己想，也得为令堂想想，她都这么大岁数了，你忍心看着她每天为你担心流泪吗？"

王维说："您的好意我心领了，我会好好考虑的。小六，送客。"

见王维态度如此坚决，两人也不好再说些什么，只好先回去了。出来之后，媒婆说："我们也是一番好意，你看他这是什么态度？！以后再有这事儿，我可不接了。"

隔壁大嫂打圆场说："其实我也是看崔老夫人每天以泪洗面才决定帮她这个忙的。我也没想到她这儿子还是个痴情种子。他刚刚没了妻儿，心情自然不好。你没看到他的脸，几天不见都瘦脱相了。所以，王婆你大人有大量，别跟他一般见识。"

那媒婆也不是铁石心肠的人，听她这么一说，心里的火气也消了一大半："我当然知道，我就是痛快痛快嘴。行了行了，我先回去给他物色物色，等有合适的我再找你。"

隔壁大嫂喜笑颜开，连忙答应说："哎、哎，就知道你是个刀子嘴豆腐心的人。"

二人前脚刚走，王维就听到又有人敲门。书童开门一瞧，是个戴着锥帽的陌生女子。

"请问您是？"

"王维在家吗？"女子说，"我家主人要见他。"

王维听到门口的声音，走过来瞧这女子的打扮不像是普通人家，且看她的身段、听她的声音都有些熟悉，可是一时之间却想不起来在哪儿见过。于是他问道："你家主人是谁？"

女子说："紫檀琵琶坏了，我家主人想请你去给修一下。"

一听到"紫檀琵琶"，王维心里一惊，顿时知晓了来人的身份。走在路上，他心里暗想：怪不得我觉得她似曾相识，原来是玉真公主身边的女官。这么多年不曾联系，玉真公主这次叫我过去，不知道是为了什么事情……

一路上王维的心里都在打鼓。皇帝不喜欢大臣与皇亲国戚结交，虽然他现在没有官职，可是备不住以后要入朝为官的，要是跟公主殿下扯上关系，保不准会再来一次"黄狮子案"。可玉真公主是皇帝的亲妹妹，要是忤逆了她的意愿，恐怕现在就得死吧？所以，思来想去，王维还是跟着女官来到了玉真公主下榻的客栈。

玉真公主之前一直待在玉真观里，听说王维妻子去世的消息，为了避免闲言碎语，特地微服来到这里见他，因此只能住在一间不起眼的小客栈里以掩人耳目。

王维跟着来到客栈，走进屋子，看到桌上摆着一碟枇杷，心里愣了一下。女官把门关上，到楼下点了酒菜送了进来。看着满桌子的大鱼大肉王维没有胃口，但又不好拒绝公主的美意，只好硬着头皮吃了几口青菜。

玉真公主问他："我听说你的妻子刚刚去世，你就请了媒婆商议婚事？"

王维吓得站起来，极力否认："绝无此事！王维与发妻感情甚笃，此生绝不续弦，还望公主明鉴。"

玉真公主愣了一下，说："你年纪尚轻，这时候说不续弦的话，未免有些早了。"

"公主殿下所言有理。"王维摸不准玉真公主说这话是什么意思，也不敢胡乱回答，只好敷衍着应和。随后房里又陷入了一片寂静。王维也不敢说话，偶尔抬头看到玉真公主奇怪的目光。他顿时感觉如芒刺在背，忍不住跳到另一个话题："听说公主的紫檀琵琶坏了，不知道现在是什么样子，能否让王维看一眼？"

玉真公主说："琵琶在道观中，不如你随我一同去道观，等琵琶修好了再回来也不迟。"

王维有种预感，这次要去了恐怕回不来了。"家中有新丧，家母身体又不好，王维恐怕不便与公主前去。"

"你说得也有道理，是我考虑不周了。"玉真公主说，"我即刻请最好的郎中到府上给令堂把脉问诊，你家中的事务我自会派人料理，这样……你肯不肯跟我走？"

玉真公主的话已经说得相当直白，王维不可能继续装糊涂了。他壮着胆子，说："公主恕罪，王维不能前往！"

玉真公主微微皱眉，没有说话。女官看出公主的心思，走上前一步怒斥王维："王维你好大的胆子！枉费公主当年冒死为你说话才免了你的流放之刑，而你却将公主的恩情置若罔闻，你可真是个没心肝的混账东西！"

"免了我的流放之刑？"王维有些糊涂，突然想起"黄狮子案"才恍然大悟。横亘在心里多年的谜团终于解开了，他有种拨开迷雾见青天的感觉，"原来是公主殿下为王维费心！"

"自然是殿下！不然你以为还有谁能说动圣人，为你脱罪？"女官说，"公主殿下怜惜你满腹才华，不该沦落到被人连累坐罪的地步。可你却不知投桃报李，反而屡次三番让殿下伤心。你自己说，你是不是个没有心肝的混账东西？！"

王维跪在地上向玉真公主叩了三个头，面色庄严肃穆，缓缓才说："公主殿下的救命之恩，王维没齿难忘。公主要王维做什么，哪怕是要王维这条性命，王维也心甘情愿。只是……王维心意已决，此生绝不续弦。紫檀琵琶虽然珍贵，终究是一件死物，还请公主不要伤心，玉体安泰为重。"

王维离开了客栈。玉真公主没有为难他，只是他离开的时候，玉真公主对他说了一句话："王维，记住你今天说的话。"

王维知道，倘若有一天自己食言了，玉真公主一定不会放过自己，同时也会连累到他身边的人。不过……不会有那么一天的。

王维抬头望天，天气真好，阳光明媚，好像崔氏的笑容一般温柔。

第三章　怀才终得遇

一、长安文人宴

淇上的小官无法留住心存报国志向的王维。王缙得了官职，家里的生活压力顿时缓解了许多。王维在淇上干了没多久就又辞官回到长安。

开元十七年（729年），唐代另一位山水田园派诗人来到了长安，他就是孟浩然。别人科举都是越早考上越好，这位孟老兄人生前几十年一直过着优哉游哉的隐居生活，一直等到四十岁，感觉生活上有点拮据了，才想着来考科举走仕途赚点米粮钱。在考科举之前，孟浩然就已经是文人圈里有头有脸的人物了。一方面是因为他的诗文才华，另一方面或许是因为他常年隐居，散朗之风神流传于圈内圈外。孟浩然的性格是"行不为饰，动以求真"，对朋友更是"游不为利，期以放性"，也就是说孟浩然待人那是极其真诚的，没有任何虚伪，而且他交友没有任何目的性。如此率真之人怎能不让人喜欢？听说他来长安，他的"粉丝"们都争先恐后地找他请教诗文，请他喝酒赴宴的人也是排起了队。"诗仙"李白也曾是孟浩然众多"粉丝"之一，对孟浩然的喜爱更为直接——"吾爱孟夫子，风流天下闻"。

孟浩然的五言诗被誉为"天下称其尽美"。这位山水田园派诗人的到来很快就引起了王维的注意。那时王维虽然供职于集贤院，不过也只是个闲职。他经常聚集一些文人在一起吟诗作对，希望能够将自己的名声传播出去，引起一些贵人的注意。当他听说孟浩然也来到长安时，自然也是要向他下请帖，请他来赴宴，那么这场宴会一定会更加出色。

孟浩然欣然赴约。古代文人的宴会可不像现在的路边聚餐喝酒吹牛皮，人家宴会上玩的都是考验文化底蕴的高雅玩意儿，最常见的就是吟诗作对，哪怕是个行酒令也起码是个"飞花令"。不过这次宴会的玩法稍有不同，不是每个人各作一首诗来互相评比，而是作联句。

联句是诗歌创作的方式之一，与寻常诗歌创作不同的是，联句不是一个人独立完成一整首诗，而是你写两句，我写两句，他再写两句……有的时候也不止两句，写出四五六句的情况也是时有发生的，不过还是以两句最为常见。

轮到孟浩然的时候，他只联了一句："微云淡河汉，疏雨滴梧桐。"

孟浩然刚说完，王维就站在一边鼓掌称赞，说他联得好。古代文人，尤其是有点儿水平的文人，他们聚在一起鉴赏诗文的时候，那可不像现代人做阅读赏析似的胡诌一通。于他们而言，有时一个"好字"、一句"好诗"、一篇"好文章"就足以表达他们所有的感情了。

两位优秀的诗人就这样相识了，他们常在一起饮酒赋诗。两个人越走越近，很快就成了无话不谈的知己。

有一天，王维请孟浩然到自己的家里做客。两人饮酒对诗到高兴处，王维忽然来了兴致，拉着孟浩然要给他作画。孟浩然也欣然配合，两人边聊边画。画像画了一半的时候，忽然有人来报，说是皇帝到了。这可把他们二人吓坏了，酒劲也完全醒了。

或许事出突然，孟浩然还没做好面圣的准备，又或许是二人已经喝了不少酒头脑都有点不太清醒，孟浩然一听皇帝来了竟然直接钻进了王维的床底下。王维也来不及多想，只好先去迎接玄宗皇帝……

其实玄宗皇帝来这里也是事出偶然。那年三月，国子祭酒杨场上奏折称，明经科和进士科录取的人数太少，每年才不到一百人，而其他科目录取的人数每年都达到了两千多人。明经和进士两科出身的才是正途，其他科出身的最终不过能担任胥吏之职。但是如果读书走正统还赶不上流外出身当官的概率更大，那么还有多少人肯下功夫去认真学习经典呢？

玄宗皇帝觉得这奏折说得有道理，又听取并批准了国子祭酒关于这件事情的相关奏折。可是要找明经科和进士科的人才又谈何容易？玄宗皇帝太了解科举的弊病，于是决定微服私访一次，到民间亲自看看大唐的才子到底都在哪里。

那时候王维在民间组的文人局中已经打出名气，玄宗皇帝来之前就有所耳闻。玄宗皇帝对"王维"这个名字并不陌生，记得当年玉真公主还亲自保举他去做太乐丞。玄宗皇帝当时说："我只记得王维的琵琶弹得不错，没想到他的诗文在民间也这么广受欢迎。"

高力士附和说："王维的诗写得确实有些水平，老奴曾经也收藏了一些。如果陛下有兴趣，不如我们一起去拜访他，您看怎么样？"

玄宗皇帝正有此意，于是就出现了上文中戏剧性的一幕。王维战战兢兢地迎驾。玄宗皇帝进屋一瞧，屋里只有王维一个人，可是再仔细一瞧好像不太对劲。桌上还有未完成的画作，画作前面有一张凳子被拉开一点距离，应该是给作画之人坐的。另有一张凳子离桌边很远，而这桌上有两个茶杯，还冒着热气。看来，这屋里刚刚不止有王维一个人在。

"起来吧，朕今天微服出巡，你不必多礼。"

皇帝说的"不必多礼"只是句客套话。王维当然也明白这个道理——伴君如伴虎，礼多人不怪。

玄宗皇帝就坐在孟浩然刚刚坐的凳子上，高力士随身伺候。玄宗皇帝佯装随意问王维："只有你一个人在吗？"

王维脑袋上的汗都滴下来了。孟浩然明知道皇帝来了却躲起来不见，真要较真起来这可算是冲撞圣驾。可是如果隐瞒不告，这就是欺君之罪，要是查出来，他们两家人都得遭殃。

电光石火之间，王维瞥见了桌上的两杯热茶，皇帝一定是发现了什么端倪才会这样问的，于是在心里预先编好了一个保命的理由，这才据实以告。

听到他说实话，玄宗皇帝非常高兴。他笑着说："朕听说过孟浩然这人，但从没见过。让他出来见朕。"

孟浩然一听这话，这才从床下灰头土脸地爬了出来。

玄宗皇帝愣住了，无奈地说："朕又不是洪水猛兽，你有什么好怕的？"

你确实不是洪水猛兽，可是你比洪水猛兽还可怕！这话两个文人只敢在心里这样想，打死都不敢说出来。

王维刚要替孟浩然回答，就听到他说："陛下九五之尊，草民衣衫褴褛不敢冒犯天威，请陛下恕罪。"

玄宗皇帝一听这话就知道是句客套话，不过也挺受用的，所以没有追究。玄宗皇帝问了王维一些诗文及其对政事的见解，王维都对答如流。玄宗皇帝从中能感受到王维的一腔报国热忱，他对此感到很满意。

原本只是来拜访王维的，如今一箭双雕又见到了孟浩然，玄宗皇帝当然不能放过他，于是问了孟浩然最近作的诗词。而此刻孟浩然身上就带着一首最近刚写好的诗，被玄宗皇帝这么一问，他的大脑好像停滞了一样，来不及多想便直接将这首《岁暮归南山》的诗呈了出来。

北阙休上书，南山归敝庐。

不才明主弃，多病故人疏。

白发催年老，青阳逼岁除。

永怀愁不寐，松月夜窗虚。

玄宗皇帝一看这纸上所写之诗，虽然有几分文采，不过内容却让人不爽，心想"不才明主弃"，孟浩然，你的所谓上疏求仕，朕根本都不知道，又何来弃你于不顾之谈？的确，这首诗读下来，简直就是对玄宗皇帝各种的牢骚与不满。

对此，玄宗心里自然不高兴，不过并没有当面发作，他的心里恐怕已经有了抉择——既然你要"南山归敝庐"，那你就归去吧。玄宗皇帝最后只留下一句："卿自不求仕，朕何尝弃卿？"说完，便负气离开。

而巧的是这一年孟浩然科举落榜。有人猜测是因为他得罪了皇帝，被皇帝点名不要的；但也有人猜测是他的文章确实写得差了那么点儿，阅卷的官员捕风捉影，为了讨好皇帝，于是就没让他上榜。真相到底如何已经不重要了，只不过，孟浩然四十多岁才不得已出来求仕，好不容易打破了自己几十年的隐居生活，却最终落得个仕隐皆不得的境地，与王维形成了鲜明的对比。

王维送别孟浩然，两人在郊外长亭依依惜别，交换诗文。王维以诗文劝慰他："杜门不复出，久与世情疏。以此为良策，劝君归旧庐。醉歌田舍酒，笑读古人书。好是一生事，无劳献子虚。"在王维看来，孟浩然这种性格还是在家里过琴棋书画诗酒花的生活更为自在些。

孟浩然也回赠王维："寂寂竟何待，朝朝空自归。欲寻芳草去，惜与故人违。当路谁相假，知音世所稀。只应守寂寞，还掩故园扉。"经过这件事情，孟浩然明白考取功名并不是一条适合他走的道路。然而，若要归隐就要离开王维。两人虽然年纪相差十来岁，可经过这段时间的相处早已成为好友。孟浩然不忍心与王维分别，但又无可奈何。

终究两人还是在长亭洒泪分别了。

二、洛阳中书令

自孟浩然走后，王维又在长安闲居了数年。一日，他闲来无事到崔兴宗家里做客，发现他正在家里收拾东西。王维好奇地问他："你要出远门吗？"

崔兴宗说："我打算去洛阳一趟。你知道天子在洛阳，很多在外做官的人都往那边去了。我也想到那边碰碰运气。我看你最近挺闲的，不如跟我一起去试一试？"

王维觉得他说得也有道理，但是长安这边还有几个酒宴没有安排妥当，于是他们便约定秋天在洛阳相会。临走的时候，王维为崔兴宗写了一首诗："已恨亲皆远，谁怜友复稀。君王未西顾，游宦尽东归。塞迥山河净，天长云树微。方同菊花节，相待洛阳扉。"

崔兴宗说："那我就先行一步到洛阳等你。咱们菊花节见！"

时光飞逝，转眼到了秋天。王维人到洛阳，发现这里果然跟崔兴宗说的一样。知道皇帝在这里，不仅有大批官员，还有那些想要谋求官位的文人墨客也都涌入洛阳。王维心里开始纳闷儿了：都跑这里来，那衙门里的活儿谁干呢？

崔兴宗几天前就收到了王维启程来洛阳的书信。他接到了王维就直奔酒馆。席间，王维问他："你在洛阳这些日子过得还顺利吗？"

崔兴宗叹了一口气，说："全天下的文人才子都汇聚洛阳，难哪！"

王维说："我刚到洛阳的时候听说陛下新封了一个中书令，这几天都在摆宴席，你去试过了吗？"

崔兴宗的脸色变得古怪起来："你不提这个还好，你要是说这个，我劝你也不要去了！"

"这是为何？难道这位中书令有什么问题吗？"王维百思不得其解。

崔兴宗说："你知道这位中书令是谁吗？是张九龄！"

王维懵懂地点了点头，"张九龄……怎么了？"

"怎么了？他有个弟弟叫'张九皋'。这名字你听着不耳熟吗？你是不是忘了当年去玉真公主府上弹琵琶的事情了？"崔兴宗说，"虽说当年你也没考上，但是内定的榜首——张九皋却是真真切切地落榜了。你说张九龄要是知道你来投靠他，他会不会给你脸色看？"

王维却不以为然，他说："我早就听说过张九龄。当年裴公调任济州刺史之后，接任京兆尹的就是他。后来关中发生水灾，张九龄在治水救灾、稳定民心、安定社会秩序上颇有政绩。这些事情朝报上写过。这样一个爱民如子的官员，想必心胸不会那么狭隘！"

崔兴宗见劝不动他，只好妥协说："既然你这么认为，那你就去试一试吧。回头要是被人轰出来，可别怪我没有提醒你啊。"

"放心吧，不会发生这种事情的！"话虽如此，到底是血浓于水，保不准张九龄心里会因为张九皋的事情对王维心存芥蒂，所以他还是要好好琢磨一下用什么作敲门砖比较合适。

王维在洛阳转悠了好几天，收集了许多关于张九龄在任时的功绩。经过几天不眠不休的删改与调整，他终于写好了一首《上张令公》。

王维拜访的这天正巧赶上张九龄在沐休。听到有人求见，张九龄以为又是来溜须拍马的朝廷官员，于是便让人将他打发走。

王维听到自己被拒有些失落，但并没有放弃，坚持再次求见张九龄，并给了门童一些报酬以作通融，请他帮忙把自己写的诗送到张九龄面前让他阅览。

门童是个讲究人，收了他的好处自然要替他办事："老爷，那人说他不走，还呈交了一首诗请您过目。"

张九龄叹了口气，拿过来一瞧，原本不耐烦的表情一扫而光。

"珥笔趋丹陛，垂珰上玉除。步檐青琐闼，方幰画轮车。市阅千金字，朝闻五色书。致君光帝典，荐士满公车。伏奏回金驾，横经重石渠。从兹罢角抵，且复幸储胥。天统知尧后，王章笑鲁初。匈奴遥俯伏，汉相俨簪裾。贾生非不遇，汲黯自堪疏。学易思求我，言诗或起予。当从大夫后，何惜隶人余。"

诗中引用大量的典故赞扬了张九龄的功绩，最后用"贾生""学易"等典故委婉而又不失礼数地向张九龄表达了想要求他举荐的目的。

读完了整首诗，张九龄急忙问门童："此人何在？"

"就在门外。"

"快请他进来！"

就这样，王维因为一首诗受到了张九龄的青睐，成为张九龄的座上宾。

后来有一日，张九龄与王维闲谈。他问起王维为什么不早一点来投靠他，王维支支吾吾地不肯明言。经过一段时间的相处，张九龄对王维的过去也有所了解，他大概猜出了个中缘由："你是在介意舍弟的事情？"

王维直言不讳："确实有些顾忌。但听闻张公在京兆尹任上的功绩，这份疑虑也就打消了。王维深信能将辖区治理得路不拾遗、夜不闭户、酒先养老、贿不问吏的官员，必然是个能容天下才子的宰相肚量！"

与别人的阿谀奉承不同，王维这一番话说得有理有据，他是发自肺腑对张九龄敬佩，因此说到了张九龄的心坎里。于是没过多久，王维就迎来了他的新官职——从八品，右拾遗。

三、得官右拾遗

开元二十三年（735 年）正月，玄宗皇帝在东都洛阳亲自耕种籍田。"籍田"是古代的吉礼之一，就是在每年的春耕之前，由天子率领诸侯亲自耕种田地，有重视农耕、祈求新的一年风调雨顺的寓意。据《大唐开元礼》记载：皇帝三推，三公诸王五推，尚书卿九推。籍田礼结束之后大赦天下，文武百官根据品级的不同各有不同的加官晋爵之封赏。

三月，张九龄被晋封为始兴县开国子，加封金紫光禄大夫。王维也在此时收到了右拾遗的上任文书。而在此之前，王维一直隐居嵩山，与其弟王缙、李颀、卢象等相伴。

卢象这人我们之前提过，他在裴迪的屋子里与王维初次见面就闹了一个乌龙。李颀这人性格洒脱不羁，超脱世俗，厌弃世俗，王维与他的初次相识也颇具奇幻色彩。

早春时候，王维已经成为张九龄的座上宾。不仅如此，王维还引荐了卢象一同拜访张九龄，并且得到了张九龄的认可。两人从张九龄府邸出来之后觉得还没尽兴，于是又到客栈里小酌一番。他们正喝着酒，憧憬着美好的未来，忽然听到相隔不远处的那一桌吵起来了。客栈里原本就十分吵闹，王维与卢象一开始也没太在意。但是那一桌吵架的声音越来越大，甚至已经开始动手了，客人们便纷纷张望过去。

"你这条丧家之犬，你有什么资格站在这里？！我与你说话是给你面子，你别给脸不要脸！"

"你这攀附权贵的无耻小人！你勾结混账害得我家破人亡，你就是个卖友求荣的畜生！靠女人谋出路，你一辈子都要在女人裙下讨饭吃！"

双方言语不合动起手来。王维和卢象躲在一旁喝酒看热闹也不忘向周围人打探："他们那边怎么了？"

隔壁桌的客人顺势到王维这桌坐下，端着酒杯小酌一杯后才说："仇人见面分外眼红。能看到那个戴帽子的人吗？"他这话刚说完，那帽子就被人揪住扔到了地上，在劝架的人脚下被踩得不成样。

王维说："我们看到了，你接着说。"

那人继续说："他叫王登，赵郡人，是个地痞流氓，在当地无恶不作。这么说吧，除了杀人放火和谋逆他不敢干，其他没有他不敢的。头几年，他也不知道从哪儿弄来的门路，买了个不入流的小官来做。这回，他更加横行乡里了。来这里，估计是攀上了谁家的权势，准备再换个大点儿的官儿做做……"

卢象吃惊地问："卖官鬻爵犯的可是重罪，他们不怕朝廷降罪吗？"

那人冷笑一声，说道："哪个朝代没点腌臜事？再说了，他买的也不是大官，不过是一个看仓库的小吏，来不来坐班都无所谓。"

卢象看了眼王维，脸色有点古怪。王维轻轻咳嗽了一声，以掩饰自己的尴尬。卢象转移话题，继续问道："那另外一位是何人？"

那人说："说起他来就可怜了。他叫李顾，也是赵郡人。早些年被王登和一群狐朋狗友坑骗至倾家荡产，好好的一个富家公子哥儿最后沦落到在破庙里与乞丐为伍的地步，我们都以为他这辈子就这样一蹶不振了。哎，没想到人家自己重整旗鼓，发愤图强，刻苦读书考上来了。你们说说，他们在这儿碰面，哪能不掐起来吗？"

"确实……"王维的话还没说完，就听到对面一阵怒喝。

王登捂着嘴，瞪着眼睛质问李顾："你给我吃了什么？！"

李顾一脸得意地说："穿肠烂肚的毒药。你没几天活头了，回家准备后事吧！"

下毒杀人须偿命，王登十分肯定这玩意儿绝对不是毒药，但也肯定不是什么好东西。很快，他就感觉到肚子开始不对劲了。王登捂着肚子，指着李顾留下一句狠话："有种你给我等着！"说完就一溜烟地跑了。

王登的风评不是很好，他受了挫其实大家都很开心，也没人责怪李颀。只不过大家有些担心李颀的安危，所以对他刚才的举动有些抱怨，觉得他太鲁莽了，可能会惹祸上身。

李颀却不以为意，说："大丈夫行得正做得直，宁可一腔热血寄乾坤，也决不伏低媚事权贵。像这种小人，越是惧他怕他，他就越得寸进尺。行了行了，不说了，我吃好了，账已经结了，你们慢用吧！"

李颀多付了一些钱，用作赔偿与王登打架对客栈造成的损失。客栈的人对他也是十分客气。

王维和卢象彼此对视一眼就心意相通，于是付了账，尾随李颀而去，想跟他交个朋友。他们穿过几条街，跟着李颀来到一个四通八达的小巷子里，转眼间就把人给跟丢了。

卢象说："我们是去跟人家交朋友的，为什么要偷偷摸摸地跟着，刚刚喊他一句不好吗？"

王维说："这话我也想说，这不是一时着急忘记了嘛！"

说话间，王维的余光瞥见一道黑影朝他们砸了过来，慌忙推开卢象，躲闪开来。李颀的木棍落了空。

李颀一见他们躲开，当即挽起袖子准备与两人大干一场。

说到这里不得不作一下解释，古代的文人并不是我们所想象的那样肩不能扛、手不能提。"六艺"的学习内容除了《诗》《书》《礼》《易》《乐》《春秋》六本，还有一种说法是礼、乐、射、御、书、数六种科目。其中，射、御两种科目分别是"射箭"与"驾驶战车"。随着后来朝代的更迭，时代特征的细微改变，"六艺"教学的具体内容或许会有不同，但文武兼修的实质却没有改变，只不过文人更专注于对经史子集的学习，对武艺的精力分配没有那么多，比不过武举出身的考生罢了。

所以，王维、卢象和李顾他们多少是会些拳脚功夫的，但也不多。眼看着一场恶斗一触即发，王维急忙叫停，大喊："李郎君，我们不是来寻仇的！"

李顾停下动作，将信将疑地看着他们。因为之前在赵郡没少挨王登那个混蛋的欺负，对于陌生人，他始终存有戒备心。

王维看出了李顾的怀疑，赶紧自报家门："在下王维，这位是卢象。刚才在客栈听到你的豪言壮语，颇为敬佩，因此特地赶来想与阁下交个朋友。"

虽然不太知道卢象的名字，但是王维的名字他却是如雷贯耳。一听说他竟然是王维，李顾的脸上立即变了神情，赶忙将两人请到家里。

王维还没进李顾的家门就闻到一股药味儿，进门之后果然看到桌上摆着一个炉子，周围还放着一堆瓶瓶罐罐。他问："你还会炼丹？"

李顾说："只是懂些皮毛。"

想起王登在客栈里说的话，卢象不禁问他："那么你刚才在客栈给王登吃的到底是什么药？"

李顾哈哈大笑，然后说："没什么。就是觉得他的嘴太臭了，给他吃了一丸清胃火的药罢了。最多让他拉几天肚子，不会伤及性命。大丈夫生而为人，性命只有一条，可以为国家、为万民而死，就是不能为那种小人而死。不值得！"

听他这么说，王维、卢象他们就放心了。三人在李颀家中交谈一番，越聊越投机，当夜就住在了李颀家里。

除开新结交了一个好友，还有一个好消息传到了王维这里，他弟弟王缙做了高官，担任侍御史，从六品的官员。于是王维邀请弟弟王缙与卢象、李颀二人到嵩山游玩，为他们互相引荐。志同道合的人相聚总是一见如故。他们在嵩山白日坐看飞鸟远飞，晚上林中赏月饮酒，饿时就尝山中美食，渴时就饮山泉水……总之在嵩山度过了一段逍遥快活的日子。

春回大地，而属于王维的那一束曙光也终于到来。三月，张九龄加官晋爵，同时王维和卢象的任职文书也下来了。王维担任右拾遗，卢象担任左拾遗。在这之后又传来了一个好消息——李颀中第，任职新乡尉。

王维与卢象为李颀送行，三人在城外十里亭道别。李颀写诗送给他们："此别不可道，此心当报谁。春风灞水上，饮马桃花时。误作好文士，只令游宦迟。留书下朝客，我有故山期。"虽然考中进士做了官，但是李颀并不高兴，他还是惦记着与王维等人在嵩山的那段日子，并且期待着将来能够再次相聚以重温美好的时光。

王维知晓他的心意，也作诗回赠："闻君饵丹砂，甚有好颜色。不知从今去，几时生羽翼。王母翳华芝，望尔昆仑侧。文螭从赤豹，万里方一息。悲哉世上人，甘此膻腥食。"经过一段时间的接触，王维更加了解了李颀不愿意屈从官场潜规则、超脱世俗的心态。他看出了李颀诗中的无奈，也明白他内心对官场的抗拒。在朝为官对他来说未必是一件好事，但朝廷的任命已经下来，也只能如此了。

每当想到这里，王维都不禁为他的前途感到担忧。

送别李颀，王维也要走马上任了。临行前他与王缙告别，作诗《留别山中温古上人兄并示舍弟缙》："解薜登天朝，去师偶时哲。岂惟山中人，兼负松上月。宿昔同游止，致身云霞末。开轩临颍阳，卧视飞鸟没。好依盘石饭，屡对瀑泉渴。理齐小狎隐，道胜宁外物。舍弟官崇高，宗兄此削发。荆扉但洒扫，乘闲当过歇。"

诗中生动描绘了他们在嵩山的生活，见诗如见画，确实不辜负王维"诗中有画""画中有诗"的美名。

上任之后，王维并不满足于此，于是他又向张九龄写了一份委婉的投递状《献始兴公》："宁栖野树林，宁饮涧水流。不用坐粱肉，崎岖见王侯。鄙哉匹夫节，布褐将白头。任智诚则短，守仁固其优。侧闻大君子，安问党与仇。所不卖公器，动为苍生谋。贱子跪自陈：可为帐下不？感激有公议，曲私非所求。"在诗中，他既表明了自己刚直不阿、注重气节操守、光明磊落的性格，又夸赞张九龄任人唯贤、从不参与卖官鬻爵等勾当的贤明之举，同时还将自己想要得到进一步提拔的愿望委婉地表达了出来。

然而，王维的好运就像有周期规律似的，结交新的好友和得到权贵的提拔已经将他这段时间的好运都用光了。虽然张九龄有心提拔他，但时机不允许，王维的期望恐怕要再一次落空了。

第四章　征蓬出塞上

一、池鱼之殃

王维想得到张九龄的提拔，让仕途再上一个台阶。很快，他这一愿望就得到了回应——从一个从八品的右拾遗升为正八品的监察御史，出使凉州。

"拾遗"这个官其实就是谏官，旨在匡正皇帝的政策，规谏朝政的缺失等；"监察御史"，顾名思义就是监察百官。唐代的凉州就是现在的甘肃武威。右拾遗的官职虽然不及监察御史高，但好歹是在皇帝身边做事；而监察御史虽然比右拾遗的官职高出那么一点点，但说到底，远离了皇权政治中心，当朝廷发生变动的时候，他一定来不及反应，就算消息灵通也是鞭长莫及。

王维这次官职调动说白了就是明升暗降。而之所以会发生这样的事情，这还得从张九龄与李林甫之间的纠葛说起。

李林甫是唐代皇室的宗室之亲，为人阴柔狡诈，好与宦官和后妃结交，人都称其"口蜜腹剑"。安史之乱的爆发，这个姓李的真是"功不可没"。而且他自己不学无术，还见不得别人好，张九龄就是由于这个缘故成为李林甫的眼中钉、肉中刺，因此他必欲除之而后快。

开元二十三年（735 年），李林甫与裴耀卿、张九龄一同担任宰相。当时，玄宗皇帝宠幸武惠妃，太子、鄂王和光王皆因自己的母亲失宠，多少有点怨言。这怨言被驸马都尉知道了，于是转告给了武惠妃。武惠妃知道以后就跑到玄宗皇帝面前哭诉。玄宗皇帝龙颜大怒，与三位宰相商议过后，决定废黜太子与两位皇子。张九龄直言不讳，劝阻皇帝不能废黜三位皇子，并且表示不敢奉诏。皇帝正在气头上，但碍于张九龄在朝中的名望，只能强行忍下这口气。李林甫是个会看眼色的家伙，他全程一言不发，没有明确表态，却把功夫都用在背后了。事后，等裴、张那两位实心眼的都走了，李林甫再悄悄跟宦官透露自己的看法："这是天子的家事，何必跟外人商议呢？"

你琢磨着玄宗皇帝能不知道他的意思吗？你觉得玄宗皇帝就算嘴上不说，心里会不会不由自主地有一些偏向他了呢？

这还只是个开始。李林甫一直想要独揽朝政大权，可是张九龄和裴耀卿就是横在他面前最大的障碍。于是他又开始动歪心思，用"曲线救国"的办法攫取张九龄手中的权力。开元二十四年（736年），玄宗皇帝想要给朔方节度使牛仙客一个实封，再给他一个尚书的兼职，却遭到了张九龄等人的极力反对。张九龄认为牛仙客学识不高，不能担任尚书这样重要的职位。就这样，玄宗皇帝再一次被他驳了面子。李林甫这个见缝插针、见风使舵的小人一看机会来了，立刻在下朝之后跑去跟皇帝说："只要有点才识就行，何必非得要满腹经纶呢？再说天子要用人，天下谁人不可用？"

李林甫这话又说到玄宗皇帝的心坎里了。张九龄在百官面前直接驳回了玄宗的任命，自然触怒了玄宗，不过玄宗又不好发作。而李林甫这么一番话似乎就让天子之怒"水到渠成"地落在了张九龄等人身上。

不久，张九龄和裴耀卿不仅莫名其妙地被冠上"结党"的罪名，还被罢免了宰相的职位。而牛仙客却升了官，与李林甫一起担任宰相。这样的人事调动真是令人遐想。

朝中有一位叫"周子谅"的监察御史，他受过张九龄的提拔引荐，眼见着恩人蒙冤，便挺身而出，斥责牛仙客不是当宰相的料，要求罢免他的官职。牛仙客的官职是玄宗皇帝授予的，周子谅这么贬低牛仙客，岂不是间接在说玄宗皇帝任命官员的眼光很差劲？张九龄在朝在野颇有口碑，德高望重，玄宗皇帝不好动他，但是要收拾区区一个周子谅还不是手到擒来？于是，周子谅就这么被玄宗皇帝下令流放了。

李林甫挑明周子谅是张九龄引荐一事，借题发挥，又捅了张九龄一刀。玄宗皇帝大怒，将张九龄贬为从五品上的荆州长史。荆州就是现在的湖北湖南一带，与洛阳和长安隔着万水千山。

张九龄被贬之后，王维也跟着遭殃，同年秋天便离开洛阳出使凉州。

二、犒赏三军

开元二十五年（737 年）秋天，王维肩负着慰问当年三月份战胜吐蕃的将士们的使命前往凉州。回想同年春天的时候，自己还与张九龄、裴耀卿、卢象、韩休、萧嵩等好友在韦嗣立的逍遥谷设宴欢聚，这一路上，王维不禁感慨世事无常。

得知张九龄被贬之后，王维给他寄了一封信——《寄荆州张丞相》，信中，他还是习惯称呼张九龄为"丞相"。"所思竟何在，怅望深荆门。举世无相识，终身思旧恩。方将与农圃，艺植老丘园。目尽南飞雁，何由寄一言。"王维在信中表达了他对张九龄的思念，抒发了自己满腹才华却无人赏识的惆怅，暗含了想要归隐田园的愿望。我们大胆推测，当时玄宗皇帝应该没有看过王维的这首诗，否则，依他的脾气，一句"举世无相识"就能让王维从此绝迹官场，怎么可能还让他出使凉州慰问将士呢？

王维一路向西前往凉州，路上的风景与东都的差异越来越悬殊。王维一开始是坐马车的，后来路途崎岖，只好改为骑马前行。到了边境地带，他被一群将士拦下问话。这些将士是负责侦察和巡逻的士兵，见到有人朝着他们的方向过来，拦下盘问也是职责所在。王维将自己的身份和来这里的目的告诉他们，随后获得放行，同时从他们口中得知主帅破敌之后还没有归来的消息。

王维谢过他们，继续前行，看着远方逐渐落下的夕阳，他心生无限感慨，在这里留下了一首后人耳熟能详的古诗《使至塞上》："单车欲问边，属国过居延。征蓬出汉塞，归雁入胡天。大漠孤烟直，长河落日圆。萧关逢候骑，都护在燕然。"王维将自己的孤寂巧妙地融入广阔的自然景色，但是现在还不是抒发情感的时候，主帅未回，他还得继续前行。

再往前继续走几天，周围的景色变得越发荒凉。旷野之中寸草不生，尘土飞扬，残破的铠甲随处可见，到处都是战争留下的痕迹。王维在此之前虽然写过一些有关战争的诗作，可终究还是没见过真实的战场，即便诗中饱含满腔热血也不过是纸上谈兵。如今，他"有幸"米到真正的战场走一遭，心里除了对大唐将士浴血奋战保家卫国的赞叹与自豪，还掺杂着对生命就此陨灭的悲天悯人之感。

王维带着人马穿过战场，来到崔希逸的营地，只身进入其大帐中，向他表明身份并说明来意。崔希逸听说是东都派人来慰问，心里十分高兴，当即下令晚上摆下酒席，一来是庆祝王维完成慰问将士们的使命，二来是借此机会给王维接风洗尘。

将士们听说东都派人来送赏赐，有好酒好肉和真金白银，全都兴高采烈。晚上开宴，结束了战争的将士们得到允许可以大碗喝酒大口吃肉，一个个狼吞虎咽，动作粗犷不羁。王维以前经常在文人堆儿里参加宴席，见惯了斯文的吃相，猛然一见到这种真性情的模样，起初十分惊愕，后来也就逐渐适应了。他心想：大丈夫应不拘小节，况且也正是因为有着这样的虎狼之师，才能在与吐蕃的战斗中大获全胜啊。

王维越想越激动，忍不住当场作诗一首献给崔大将军。崔希逸虽然对吟诗作对这类附庸风雅的活动不太擅长，但与裴耀卿交情匪浅，多少对王维也有所耳闻。除了政绩出色，最常听裴公念叨的就是他的诗写得好。此时见王维有兴致作诗，崔希逸也愿意成人之美。

崔希逸豪迈地招呼身边人："拿笔墨来！"

　　将士们拿来纸笔，将桌上的吃食撤下，给王维腾开一片宽敞的地方。王维本想说不用纸笔，他可以口述再由书童写下就行。可是看他们热情高涨，动作迅速，王维也不忍心拂了他们的好意。

　　军中有一些消息灵通的将士听说过王维的名声，全都凑上去看他能写出怎样的诗作。而那些不认识王维的将士看到周围的同伴都围拢过去，也因好奇心围了上去。这样一来，大帐外围了里三层外三层的士兵，个个伸着脖子争相张望里面的情况。

　　王维在大庭广众之下提笔沉思片刻，写下一首《出塞作》。诗中写道："居延城外猎天骄，白草连天野火烧。暮云空碛时驱马，秋日平原好射雕。护羌校尉朝乘障，破虏将军夜渡辽。玉靶角弓珠勒马，汉家将赐霍嫖姚。"

　　王维在诗中的前两句描写了吐蕃与大唐之间紧张的局势及吐蕃人的勇猛彪悍，由此表现出大唐将士所面对的敌人的强大，从侧面突出大唐将士战胜吐蕃的非凡功绩。第三句借用汉代官职"护羌校尉"和"破虏将军"来代指唐军，直接点出局势的紧迫。最后一句中的"汉家"指代的是大唐；"霍嫖姚"说的是做过嫖姚校尉的霍去病，这里用来代指崔希逸。王维在最后一句点明犒赏三军的主题，正与今晚这场宴席的主题完美契合。

　　有识文断字的将士将这首诗解读给其他人听，众将士听后十分满意，都夸王维的诗写得好。他们每个人都感觉自己身上充满了力量，好像还能再跟吐蕃大战三百回合似的。

　　王维见此状，就知道这趟犒劳慰问的目的算是达成了。

三、塞上悲歌

从前线归来，王维开始行使监察御史的职权，即监察边塞官员的任职情况。在此之前，他还得完成崔希逸的托付，替他写一封《谢赐物表》，大体意思就是：谢谢朝廷的一系列赏赐，我崔希逸何德何能，受之有愧，一定会对朝廷感恩戴德，在凉州边塞以身报国、报皇恩。

交了《谢赐物表》，王维着便衣出行，探访当地民情。刚结束一场战争，凉州正处于休养生息的状态。上到官吏下至百姓，每个人心里那根紧绷的弦都放松了下来，整个城都松弛不少。

王维走在街上，忽然听到前方传来一阵激情澎湃的击鼓声，周围的百姓也都纷纷向鼓声的方向跑去。王维不明所以，慌忙拉住一个从他身边跑过的人问道："劳驾，请问前面发生了什么事情？"

当地人说："你是外地来的吧？那是祭祀'越骑神'呢！没见过吧？"那人说完就快跑几步追上去，生怕自己跟不上看热闹似的。

"啊，确实没见过！"看他一脸得意的样子，王维有些无奈，当地人总是对自己的风俗有着莫名其妙的自豪感。他也跟着往前走了两步。百姓们拥挤在一起，形成一道人墙。王维费了好大的劲儿才挤到最前面。

原来是军中的将士们在击皮鼓、吹羌笛，还有人在舞狮子。看到舞狮子的队伍，王维的心里还有些隐隐作痛。

不过仔细一瞧，他们舞动的并不是传统意义上的狮子，而是有一个人骑在龙马上的古怪东西，当地人称之为"越骑"。越骑是汉代设置的专门管骑射的官职。据史料记载，吐蕃人的骑兵数量众多，战斗力强，而且他们还有着十分发达的盔甲制造技术——精良的装备的锁子甲技艺，"劲弓利刃不能甚伤"。举办赛神会，供奉越骑神，就是希望大唐的军队能够像越骑神一样所向披靡，像汉军对战匈奴一样，将胆敢来犯的侵略者打个落花流水，杀个片甲不留。

时值深秋，天气渐凉，将士们赤裸着上半身，汗流浃背，打了胜仗的喜悦随着鼓声和笛声传遍城中的每一个角落，让这个萧瑟的秋天也多了几分生机。王维深受感动，大声叫好，脱口而出："凉州城外少行人，百尺峰头望虏尘。健儿击鼓吹羌笛，共赛城东越骑神。"

赛神会还没结束，王维就被崔希逸派人叫走。王维来到崔希逸府上，被人引请到书房。崔希逸在书房里，正坐在桌前盯着桌上放着的一张纸，还不住地点头。见到王维来了，崔希逸冲他招手，示意他过来。

王维刚走到他面前，他就拉着王维看纸上写的东西。崔希逸说："裴公说得不错，你的诗写得真是极好，几句话就把我们这儿刚打完仗、祭祀越骑神的场面描写得淋漓尽致。果然是不可多得的奇才啊！"

"节度使谬赞了。"王维心里十分吃惊：这首诗他刚刚在祭祀越骑神的现场作完，怎么一扭头的工夫崔希逸就收到了？看来这凉州的水也不是那么好蹚的。

崔希逸说："我是个粗人，不会说你们那些弯弯绕绕的东西。我有话就直说了，这次请王御史前来有事相求。"

"节度使请讲，但凡王维能够做到的一定竭尽所能。"

崔希逸说："其实也不是什么大事。每次打仗结束我们都得写一篇祭文用来祭祀。不怕王御史笑话，像我们这样整天舞刀弄枪、在战场上讨生活的人，让我们拟一个外交策略、出一个作战计划，都不在话下，可是要我们提笔写这些材料，那可真是要了我们的命了。早就听说王御史文采飞扬，军中一首《出塞作》，今日一首《凉州赛神》，果然名不虚传，所以我才厚着脸皮求王御史帮忙写一篇祭文。"

就为了这件事情专门派人把他叫到府上？崔希逸哪里是不会写祭文，分明是懒得写，就抓他来做苦力的。想通了这一点，王维悬着的心缓缓落下："王维愿为节度使分忧！"

崔希逸很高兴，把他叫过来请到桌前坐下："太好了！来，这是题目！你就在这里写，写完咱们一起去喝酒。"

没办法，王维只好当场上工。翻看了一遍崔希逸给的题目，王维略微思索一番，就提笔写下了《为崔常侍祭牙门姜将军文》："维大唐开元二十五年，岁次丁丑，十一月辛未朔，四日甲戌，左散骑常侍河西节度副大使摄御史中丞崔公，致祭于故姜公之灵：呜呼！天子命之，建旗西门。带甲十万，铁骑云屯。横挑强胡，饮马河源。嗟尔勇健，表为牙门。牙门伊何？全齐大族。四方有事，誓死鸣毂。前有血刃，后有飞镞。其气益振，大呼驰逐。翩翩白马，象弧雕服。戈舂其喉，矢注其目。呜呼！天下无事，今上好文。尔有余勇，莫敢邀勋。腰鞬白首，蹉跎塞云。死于裨将，谁统前军？家本秦人，灵车东骛。长天积雪，边城欲暮。麾下行哭，前旌抗路。身有宝剑，不佩而去。辕有代马，悲鸣局顾。呜呼！我诚军吏，令送尔归。既素我服，亦朱其衣。黠虏未灭，壮士长辞。牢醴以祭，太息嘘唏。尚飨。"

王维刚写完，崔希逸就从外面回来了。他只是扫了一眼大致的内容就收下了文章，还美其名曰"相信王维"。这让王维感到无言以对。在这之后，王维一直以监察御史的身份调查民情、监察百官。几天之后，他收到了崔希逸的任职文书，希望他能够兼任节度判官，帮他一同处理河西幕府的事务。对此，王维乐意之至。

从此之后，两人形影不离。一日，王维突击视察军中事务。他已预想自己见到的场景应该是将士们在辛苦地训练，他甚至都想好一会儿该如何发言慰问一下大家了。然而，事实却与他的预想大相径庭。

哪有什么辛苦训练的士兵，军营里空空如也。除了当班的士兵，其他人都不知道到哪儿去了。几番打听之下，王维终于找到了他们的踪迹：赌坊、妓院、大街小巷收保护费……他们该做和不该做的事情一件没落，全都做了。

王维有些恼火，上前拦下一个正在收保护费的士兵，厉声将他臭骂了一通。可哪知，士兵又不是文人墨客，他们都是用拳头说话的。

当崔希逸见到被包扎得像木乃伊似的王维时，连连摇头叹息，称王维实在是不该多管闲事。

王维气得要站起来与他理论，奈何身上的伤口又开始隐隐作痛，只能作罢。他躺在床上气呼呼地说："多管闲事？他们为难百姓，你管这叫闲事？他们目无法纪，殴打朝廷命官，你不但不明辨是非，反倒还要袒护他们？"

崔希逸苦笑一声，说："这里是凉州，不是东都。我们面对的是在战场上不惜生命奋战的将士，不是在温柔乡里醉生梦死的文弱书生。你那套正气凛然的说辞对付空有一副自尊的文人还行，对付他们，不行！"

"这是为何？"王维不解。

崔希逸说："为何？因为他们能上战场打仗，因为他们对河西幕府忠心耿耿，因为他们是我河西幕府的府兵，不是大唐皇帝的士兵！"

如果不是看到崔希逸说这话的时候满脸凄凉、满面悲怆，王维都以为他要造反了！

府兵制确实存在着很大的隐患。所谓府兵制，就是士兵以府为单位聚集，有战就去前线打仗，空闲时间就在原地种地务农。原本府兵制只管军事，与民事互不干涉，却又受到中央政府的节制，故多年来虽有摩擦却无伤大雅。唐睿宗景云二年（711年），由于西北用兵的需要，朝廷任命凉州都督贺拔延嗣为河西节度使。节度使手握行政权、监察权和兵权，俨然就是一个土皇帝。节度使手底下的士兵直接从地方搜刮钱财，不用向朝廷伸手要钱，于是他们对朝廷的忠诚度急速下降，反而对节度使忠心耿耿。而朝廷那群居于庙堂的高官贵胄只看到节度使的士兵花钱少还干活多，对他们十分满意，于是就削减了其他士兵的份额，这就造成了藩镇拥兵自重的失控局面。

唐玄宗穷兵黩武，重用藩镇士兵，直接导致边镇势力的急速扩张，而且军队之中还存在着用人不当、赏罚不明的混乱状况。

王维得知凉州府兵背后的隐情，越发了解崔希逸在这里任职、调度调和的艰辛。他翻看着崔希逸的官文：将士们在战场上奋勇杀敌，然而他们的所得却与付出完全不成正比，有的人付出了生命的代价，可最终换来的却只有几吊铜钱。至于上面官文上记载的抚恤金，根本就不见其踪影。

这个事情涉及很多朝廷命官，这些人的关系盘根错节，拔出萝卜带出泥，就连裴公和张九龄都无可奈何，王维对此就更加束手无策了。于是愤愤不平的他写下《老将行》："少年十五二十时，步行夺得胡马骑。射杀山中白额虎，肯数邺下黄须儿！一身转战三千里，一剑曾当百万师。汉兵奋迅如霹雳，虏骑崩腾畏蒺藜。卫青不败由天幸，李广无功缘数奇。自从弃置便衰朽，世事蹉跎成白首。昔时飞箭无全目，今日垂杨生左肘。路旁时卖故侯瓜，门前学种先生柳。苍茫古木连穷巷，寥落寒山对虚牖。誓令疏勒出飞泉，不似颍川空使酒。贺兰山下阵如云，羽檄交驰日夕闻。节使三河募年少，诏书五道出将军。试拂铁衣如雪色，聊持宝剑动星文。愿得燕弓射天将，耻令越甲鸣吾军。莫嫌旧日云中守，犹堪一战取功勋。"

少年得志之时"夺胡马""杀白虎""转战三千里""曾当百万师"，可是最终他们又得到了什么？只有"弃置便衰朽""蹉跎成白首""杨生左肘""路旁卖瓜""门前种柳"……王维一面歌颂将士们为国家浴血奋战的丰功伟绩，一面又为他们所遭遇的不公待遇鸣不平。

王维还在《陇头吟》中表达了这样的情感："长安少年游侠客，夜上戍楼看太白。陇头明月迥临关，陇上行人夜吹笛。关西老将不胜愁，驻马听之双泪流。身经大小百余战，麾下偏裨万户侯。苏武才为典属国，节旄空尽海西头。"

少年游侠还有着一腔热血，一心想着要建功立业，这个"少年游侠"或许说的是曾经的自己。然而边关的景象却与自己想象中的完全不同，他这才知道曾经的所谓理想不过只是幻想而已。身经百战的老将军没有得到应有的赏赐，可是其麾下的偏将却被封为万户侯……王维不禁感慨，如今英姿勃发的长安少年多年之后会不会也像这位关西老将一样遭到不公平的待遇，甚至被认为是无用之人而遭到鄙弃。

塞上之行让王维对这世道增添了新的认识，或许这也是他之后过着半官半隐生活的原因之一吧。

第五章　凝碧池头奏管弦

一、安史之乱

王维仕途上的苦难远远没有结束。自打上次被排挤出朝廷，美其名曰慰问边疆将士之后，时隔十八年，王维又迎来了他为官路上的又一大黑暗时刻，那便是安史之乱。

当然，这并不只是王维个人的生命历程，同一时期的很多诗人都经历了这一时期。例如"诗仙"李白，他选择加入了永王李璘的阵营，本以为终于有机会可以实现报国之志，可永王却被以"谋反"的罪名给剿了，自己也被流放夜郎；"诗圣"杜甫当时刚当上个可以糊口的小官，待搬完家、安顿好家人后北上投奔肃宗，途中却被叛军所俘，给押回了长安，后来逃到凤翔投奔了肃宗，做了左拾遗。而王维与杜甫的遭遇本来是一样的，即都被叛军所俘，可是结果却完全不同。

当安史叛军攻下长安城的最后一道屏障——潼关后，唐玄宗带着宠妃、贵戚、近臣逃往马嵬坡。而王维此时还茫然不知。他既不是天子近臣，也不是像杜甫一样的无名小官，这便让他成功"吸引"了安禄山的关注，也为其命运走向奠定了基调。

安史之乱被称为唐代争夺政权的内战，也是唐王朝由盛转衰的转折点。长安是大唐的首都，首都被攻陷，下一步极有可能就是王朝的覆灭，这样看来历史上对安史之乱的评价并不夸张。令人惊讶的是，发动具有如此影响力的政变的竟然不是李唐王朝的亲族，而是两个其貌不扬的胡人。

大唐虽然开放包容，允许外族人入朝为官，但绝没有达到允许异族人把控朝政的程度。这两个人能够穿过层层阻碍打入长安，还要多亏了玄宗皇帝的"鼎力支持"。

安禄山虽然长得肥胖，但人很机灵，又精通六国语言，还骁勇善战，并且善于经营人际关系。其最拿手的技能就是行贿官员，让他们帮自己在朝廷里、在皇帝面前多说好话。天宝元年（742年），安禄山被任命为御史中丞和平卢节度使。这样一来，他就可以上朝见到皇帝，直接在皇帝面前卖弄他的本事了。

很不幸的是，玄宗皇帝很吃安禄山这一套，对他日渐宠幸。天宝三载（744年），原范阳节度使裴宽升官去做户部尚书了，范阳节度使的位置由安禄山来顶替。安禄山任了一个新的官职继续故技重施，到处行贿官员。张利贞、席建侯和李林甫等人不停地在朝廷里、在玄宗皇帝耳边给安禄山说好话，玄宗皇帝更加信任他了。

除了朝前，后宫也是安禄山重点"经营"的范围。当时杨贵妃最受玄宗皇帝的宠爱，安禄山见机行事，拜杨贵妃为义母。有资料显示，杨贵妃是719年生人，安禄山是703年生人，安禄山比杨贵妃还大十六岁。一个比自己大十六岁、胡子拉碴、肥胖健硕的中年男人觍着脸管自己叫妈……这是何等诡异的场面？

最要命的是安禄山每次进宫之后都要先去看望杨贵妃，其次才是玄宗皇帝。对此，安禄山的解释是在他们胡人那边的风俗是把母亲放在前头、把父亲放在后头。这要是换作一般的人，皇帝早就翻脸了。帝王之尊不可亵渎，胡人到了中原就得入乡随俗按照中原的规矩办事，但是玄宗皇帝可不是一般的皇帝，他居然相信了，而且还下令让杨家的一些子女与安禄山结拜为兄妹。就这样，安禄山靠着巧言令色先后谋得了御史大夫、河东节度使等重要官职。

玄宗皇帝前期开创了开元盛世，堪称"一代明君"，可惜到了晚年丧失斗志，沉于享乐，识人不清，将朝政大事交给一群欺上瞒下、表里不一、口蜜腹剑的卑鄙小人，也直接导致了安史之乱的爆发。

当安禄山在朝廷兴风作浪的时候，王维也在长安。一开始担任从七品的左补阙，这是个谏官，依然是个费力不讨好的苦差事；很快改任侍御史，接了几个出差的活儿；后来又当了库部郎中，在几个宴会之中例行公事写了几篇文章，虽然没有掀起什么大风浪，却引起了安禄山的注意。天宝九年（750年），王维的母亲去世，他辞官回家丁忧，从蓝田回来之后又担任从五品的吏部郎中，当时称文部郎中。

尽管王维的官职在不断地变动，但其实在这段时间里他已经开始过上半官半隐的生活了。我们大胆推测，他之所以会这样，是因为见到朝廷乌烟瘴气，自己又人微言轻，不能左右时局，"半官"是为了在其位谋其政，尽职尽责，"半隐"是为了给自己寻找一块心灵的净土。朝堂局势很复杂，他需要静静。

二、一个没有政治头脑的文官

天宝十四年（755 年）十一月，安禄山集结奚、契丹等异族部士兵十五万人，号称二十万大军，在范阳起兵造反。天宝十五年（756 年）正月，安禄山在洛阳称帝，后自封大燕皇帝。同年六月十七日，安禄山攻占长安，长安陷落，王维"扈从不及"，被叛军擒拿，成为俘虏。

事情发生得太突然，王维又是处于半官半隐的状态，甚至连皇帝都是刚刚收到消息匆忙逃走，他就更别提了。或许他看出了些许端倪，但是没料到事情会以如此迅猛的速度，朝着不可预料的方向发展。

在此之前，王维闲时与同僚朋友作诗消遣，排解心中的苦闷寂寞，如作了《左掖梨花咏》诗"闲洒阶边草，轻随箔外风。黄莺弄不足，衔入未央宫"；忙时例行公事写公文，如为感念致力于天宝十二年（753 年）和天宝十三年（754 年）的水旱灾害的官员而写的《祭兵部房郎中文为人作》。甚至于在安禄山起兵之后，王维都没有想过事情会发展到这样严重的地步，以至于还有心情组织宴席为他的好友綦毋潜饯行。綦毋潜在安禄山起兵之后就发觉事情不大对劲，再加上朝廷中李林甫和杨国忠把持朝政，把官场搅和得一团糟，最终决定辞职回家，归隐江东。提交了辞职报告之后，綦毋潜还去找了王维，提醒他说这里十分危险，而且没有施展抱负的余地，不如跟自己一起走了算了。但此时王维并没有答应，他还是对朝廷抱有一丝幻想和一丝期待的。

既然劝不动王维，綦毋潜只好一个人动身。王维倒是讲义气，呼朋引伴地来给他饯行，临别之际还专门为他写了一首诗《送綦毋秘书弃官还江东诗》："明时久不达，弃置与君同。天命无怨色，人生有素风。念君拂衣去，四海将安穷。秋天万里净，日暮澄江空。清夜何悠悠，扣舷明月中。和光鱼鸟际，澹尔兼葭丛。无庸客昭世，衰鬓日如蓬。顽疏暗人事，僻陋远天聪。微物纵可采，其谁为至公。余亦从此去，归耕为老农。"

诗的开篇便写道，你我二人是同样的境遇——不受朝廷的待见、实现不了济世报国的理想抱负。有些时候就是这样，处于相同逆境之中的人更能懂得彼此，难兄难弟也更易成为知己。不过，王维和綦毋潜这对难兄难弟并没有怨天尤人，而是仍能保持内心的宁静，不与世俗同流合污。当然，王维心中也清楚理想与现实之间的距离。理想很丰满，现实也很骨感。綦毋潜辞官归隐，没有了俸禄，没有了生活保障，那么注定余生漂泊，四海为家。王维隐隐为朋友担心，不过也对朋友即将开启的"说走就走的归隐"有着几分向往。他想象朋友泛舟于江上，在秋日澄澈的天空下，该是怎样一般开阔的心境？而夕阳西下之时，落日余晖洒在江面上，这大自然的馈赠岂不都尽收于友人的心境之中？如此与鱼鸟为伴、与自然为乐的生活，对于一个写诗的人来说，又怎能不向往？王维转念又想到自己，朋友如今可以脱离于这官场俗世，估计再见面时自己已是双鬓斑白，或许那时候朋友已经收获了超然于物外的境界，而自己仍然挣扎在这官场泥淖之中。自己本就不善于这些官场里的弯弯绕儿，也得不到圣上的赏识，只能庸庸碌碌地混日子。自己总有一天也要像朋友一样，下定决心归隐山林吧。只不过，王维也只是想一想而已，直到上元二年（761年），也就是他离世的那一年，才上表归隐。

除了王维，卢象也为綦毋潜赠诗："夫君不得意，本自沧海来。高足未云骋，虚舟空复回。淮南枫叶落，灞岸桃花开。出处暂为耳，沉浮安系哉。如何天覆物，还遭世遗才。欲识秦将汉，尝闻王与裴。离筵对寒食，别雨乘春雷。会有征书到，荷衣且漫裁。"他劝綦毋潜：还家归还家，但是不要丧失希望，官场浮沉都是常有的事情，只要抱有希望，就一定会等到朝廷再给你送来任职文书的机会，到时候我们还能同朝为官。

其他赴宴的朋友们大差不差，也都是同样的意思。綦毋潜劝他们跟着一块走，他们不听，还写这样的送别诗给他，他也不知道该以什么样的态度来回应他们，只能喝了酒，吃了冷饭，带着朋友们的美好祝福踏上了回家的路。

寒食节刚把綦毋潜送走，六月就迎来了安禄山的叛军进城。虽然王维的官运不大旺盛，但他的文采却受到文坛的瞩目，就连安禄山对他的文采也十分欣赏，这也正是王维被扣在长安杨国忠的旧宅里的原因。

三、救命的诗文

王维与一众官员被关押在杨国忠的旧宅里，外面有重兵把守。一个官员想偷偷逃走，结果不幸被叛军发现，身上当场被戳了一个大窟窿，尸体就被挂在门口以震慑他们。一些胆小的官员早就不知道被吓昏多少次了，还有一些官员被吓得当场大小便失禁……真是把朝廷命官的脸都丢尽了。

　　叛军攻占了长安之后也没有闲着。他们到处搜捕官员、太监和宫女等，每当攒够了一百来号人就把他们一并送到洛阳去。有小道消息在俘虏中传播开来，说是安禄山要把他们这群人押到洛阳为他做事，要是有官员不从，不是就地斩杀就是阉了做太监。包括王维在内的官员听到这个消息之后都大惊失色，因为死亡和受辱都不是他们想要的结果，但要是答应给安禄山做事……恐怕他们的祖宗会千里迢迢托梦来骂他们。

　　眼看就要到洛阳了，他们更是心急如焚。王维自诩自己出身河东王氏，是太原王氏的后裔，更加不可能向一个胡人俯首称臣。于是，他当掉了身上唯一值钱的玉佩，以便秘为借口换来一包泻药。这种泻药的药剂是一包分三次煎服。王维心里急得不行，一口气吃掉了一整包泻药，结果腹泻了一整天，别说赶路了，就连站立、说话的力气都没有了。

　　受王维的影响，这支队伍走走停停，前进的速度很慢。押送的士兵中有一些是异族人，有些是汉族人。异族士兵有些不耐烦，几次三番对他动作粗鲁、言语傲慢，汉人士兵多少看在同族人的份儿上对他还保持着几分礼待。王维哑着嗓子骗他们说："我可能得了痢疾，要不久于人世了。看在你们这一路照顾我的份儿上，我不想给你们添麻烦，你们就把我扔到路边，让我自生自灭吧。"

这几个士兵还劝他："给事中，不要这么悲观，给谁做事不是做呢？您先撑着，等到了洛阳一定能治好的。"

这时候一群异族士兵围了过来，用生硬别扭的中原话问他们："发生什么事情了？他要死了吗？"

其他士兵把情况与他说了一遍。王维哑着嗓子发出"啊啊"的声音，装作一副哑巴的模样，疯狂地点头附和。

异族士兵毫无同情心，冷笑了一声，扬着下巴居高临下地吩咐说："就是抬也得把人抬到洛阳。活要见人，死要见尸。带走！"

王维的逃跑计划失败。他吃泻药装病的事情很快就败露了，于是，这一路上他被严加看管，再也没有逃跑的机会了。

安禄山对人才向来是怜惜的，对于王维的才华，他更是十分看重和欣赏。这批押解的人员还没到，名单却早已呈到他面前，所以他才会下令无论如何都要把王维送到洛阳。

队伍如期抵达洛阳。王维被单独提走，关进了菩提寺。他前脚刚到，后脚安禄山的任命文书就到了，也不容他接不接受，反正是强行任命他继续担任给事中，只不过不是大唐的给事中，而是大燕皇帝的给事中。

该来的躲也躲不掉。王维感觉世界一片漆黑，天都要塌了。他原本想直接撞死以示清白，但转念一想，死了可能更说不清了，索性苟延残喘地活着，因为只有活着才有为自己洗白脱罪的希望。就这样，他忍辱负重地被困在洛阳。

长安、洛阳都在安禄山的掌控之中。安禄山十分高兴，当即决定在洛阳凝碧池设宴庆祝，还特地请来了玄宗皇帝的梨园乐师前来奏乐庆贺。家园被异族侵占,这些乐师哪有心情演奏,一个个痛哭流涕,不能自已。叛军一瞧这么不给面子,当场就拔出刀架在乐师们的脖子上,逼着他们强颜欢笑地奏乐。其中有一个叫"雷海清"的乐师性情十分刚烈,当场把他的乐器摔在地上,向玄宗皇帝的方向放声痛哭。这一举动彻底激怒了安禄山,他命人当场把雷海清绑在试马殿前,将其大卸八块。

后来,王维的好友裴迪设法进入菩提寺向王维讲述了这件事情。王维听后仰天长叹,向裴迪口述了《凝碧池》一诗:"万户伤心生野烟,百僚何日更朝天。秋槐叶落空宫里,凝碧池头奏管弦。"大意是,长安城如今已经是满目疮痍,百姓们都饱受战乱之苦。天子遭难,他们这些官员心系天子,心中还留恋着盛唐景象,何时天子才会归来,让他们有机会再为李唐王朝效力。眼下这宫中,只剩下一片凄凉的景象,只有那叛军在凝碧池头欢歌畅饮。其实,王维在诗里不免有一些对叛军乐极生悲的诅咒。

经过这番刺激,王维随后又写下一首《菩提寺禁口号又示裴迪》,表达自己对世间战乱的厌倦以及想要归隐山林的向往:"安得舍罗网,拂衣辞世喧。悠然策藜杖,归向桃花源。"虽然心中诅咒的叛军一定会被李唐军队反攻,可是这场战争何时才能结束,究竟会是怎样的结果,王维还能不能等到天子归来的那一天,谁也不知道……

安禄山并没有得意多久,很快,安史叛军就被郭子仪和李嗣业等人率领的唐军所击溃,长安和洛阳等地也相继收复。太子李亨唐肃宗即位,玄宗则被动地成了太上皇。剿灭了叛军,那些给安禄山做过伪臣的官员也自然一个个被清算、治罪了。谁做了伪官，那就相当于叛国了，按律当斩。王维因为当初在菩提寺对裴迪口述的那首《凝碧池》而免于一死，诗中明显能感受到他做伪官完全是被逼迫的，他时时刻刻都思念着李唐王朝。当然，只有这么一首诗还不足以让皇帝相信王维没有背叛朝廷，关键还在于他的弟弟王缙在平叛征战之中立了大功，而且王缙愿意用削职为民的条件来换取免除王维一死，这才让王维获得了肃宗的宽宥，被免了罪责，反降职为太子中允。

经过这场风波，王维的精神受到了沉重的打击。在官场上他不再追求实现理想抱负和建功立业，而是将一门心思都放在了归隐的事情上。

第五卷

仕隐皆可得

第一章　辋川得妙悟

一、辋川建别业

天宝二年（743 年），王维在蓝田西南不远处的辋川山谷营建了闻名于后世的"辋川别业"。别业，即"别墅"，特指区别于本宅府邸，即在自己府邸之外于郊野建造的园林别居之所。也就是说，王维的这个辋川别业可不止我们现在所理解的独栋院落或者几进几出的院落，还有前前后后的山水庄园。置身其中，估计走上一整日也不一定能够走得完。

只可惜，辋川别业早已湮没在历史长河之中，其中的山水景致、园林韵味只能从王维和裴迪的诗作中窥得一二。

王维倒是曾经为他的辋川别业画过《辋川图》，可惜也早已经失传了。现在网上流传的图画都是后人根据王维的《辋川集》复原出来的。

其实，从严格意义上讲，王维这辋川别业是在宋之问当年的辋川山庄的基础上建造的。当王维跟着"中介"看房时，他首先感到惊讶的是，这片别墅庄园竟然卖得这么便宜。

辋川别业其实还不算太偏僻，距离长安也不算太远。

而其古旧破败倒也还在其次，最主要的是它太不吉利了。它的第一任主人是卖友求荣、谄媚逢迎的宋之问！这宋之问的口碑着实是不好。在武则天时期，他一味逢迎，其诗文大部分都是为了取悦武则天而创作的粉饰太平之作，而且他趋附于武则天的宠臣张易之兄弟，逐渐陷入政治权力争斗的旋涡之中，也因此在武后退位、中宗还朝后而遭到贬谪。不过他也并未从此而警醒，在被起用后又趋附于安乐公主，遭太平公主忌恨而再次遭贬谪。尽管后期他有所反省悔悟，但为时已晚，待唐玄宗即位后，最终落得个被赐死的下场。宋之问的人品极为卑劣，令人唾弃。据传他极喜爱其外甥刘希夷所写的《代悲白头翁》中"年年岁岁花相似，岁岁年年人不同"两句，为了占有这首诗，竟用土袋将刘希夷活活闷杀。

　　当时，在一般人看来，买这种人的宅子多少会沾点晦气，但是王维不怕。等王维交了钱以后，"中介"立刻拿着地契就跑了，好像生怕他会反悔似的。"有人买了辋川山庄"的消息不胫而走，很快就成了长安城里百姓茶余饭后的谈资。王维一开始没有留意，后来偶然间听到有人说那栋房子闹鬼，有的说半夜里有人哭，有的说半夜三更会有人影飘来飘去，还有的说睡到半夜会有影子从床底爬出来……

　　按理说信佛的人多少会信鬼神，但是王维对这些传言却不以为意。因为他知道这些传言都有一个共同点，那就是聚焦于宋之问为达到目的而不择手段、草菅人命。这时候正是玄宗皇帝宠信杨贵妃，安禄山、李林甫、杨国忠把持朝政的时期，百姓对他们的行为敢怒不敢言，所以将自己的一腔怒火都寄托在鬼神之上，将李林甫等人看作宋之问，希望有人能够像冤魂索命一样为民除害。

买了别墅之后，他的同僚经常见不到王维的身影，因为王维将大部分的时间精力都花在修建别墅上了。大概过了一个月，别墅装修好了，整体风格焕然一新，与刚买时候的颓败不堪、死气沉沉简直是天差地别。辋川别业装修完成，王维写信邀请好友裴迪来做客。

裴迪听说王维买了宋之问的房子，本来还打算劝他换个房子，实在不行他可以亲自帮找一处山清水秀的好地方。可是当他见到王维满脸笑意的时候，到了嘴边的话又咽了下去。他跟着王维来到辋川别业，见到这个豪华庄园，惊讶得目瞪口呆。这里山清水秀、青草浓翠、桃花欲燃，与传闻中说的闹鬼山庄的阴森、恐怖截然不同。这时候裴迪才恍然大悟，难怪这段时间经常看不到王维的人影，给他发请帖他都不来，原来是把精力都放在这里了。

辋川别业连宅子带山水一共有二十处景点，王维带着裴迪一一逛了个遍。

从山口进来是孟城坳。王维第一次来这里的时候见到山谷低地周围都是一人合抱不完的古树。那些古树历经岁月沧桑静静地站立在这里，注视着人来人往，人去楼空，看他平地起高楼，看他觥筹宴宾客，也看他大厦一夜倾颓。王维站在树下，忍不住在心里将自己与宋之问进行比较。谁能保证自己不会是下一个宋之问呢？在宋之问死后三十多年，他的宅子就到了自己的手里，那么自己死后三十年，谁又会是这宅子的新主人呢？想到这里，他顿时觉得在时间的洪流里，一个人匆匆百年只不过是一朵转瞬即逝的浪花。谁都不曾真正拥有过这宅子，就像谁都不曾真正拥有过时间一样。站在孟城坳口，他低声呢喃："新家孟城口，古木余衰柳。来者复为谁，空悲昔人有。"

从孟城坳上去是华子岗。这里山体高耸，林木森森，青松和秋色树连绵了整条山岗。越过山岗能看到建在山下的辋川别业。两人下山来到文杏馆小憩片刻。文杏馆是个山野茅庐，之所以得此名是因为它"文杏裁为梁，香茅结为宇"。透过小窗，裴迪看到文杏馆后面是一处山岭。岭上种满了竹子，漫山遍野的翠绿，一阵风吹来似乎能够闻到竹子的清香，让人打心底里觉得赏心悦目。王维颇为得意地告诉裴迪，那叫"斤竹岭"，竹林后面还有一个好去处。

裴迪满怀好奇地跟着王维穿过竹林，顺着小溪而去。那时候已近黄昏，晚霞把暗金色的光芒均匀地涂抹在每一片树叶上，为整片树林镀上了一层金光。落日余晖中，飞鸟鸣叫着，在璀璨的山色中追逐着同伴隐入雾气之中。

溪流的源头与斤竹岭相对，是一片山岗。这山岗因结满了朱果绿叶相互映衬的山茱萸而被王维称作"茱萸沜"。登上山岗，穿过一片槐树林，"空山不见人，但闻人语响"，便到了鹿柴。深山之中已是人迹罕至，况且这里又属于王维的私家庄园，更不会有闲杂人等来打扰，加上这里被参天树木围拢，山空，人心也更容易空明澄澈，自然成了王维室外禅修打坐的绝佳之所。

从鹿柴下去不远就是北垞，这里依山傍水，供人休息。他们没有在这里过多停留，而是乘着一叶扁舟漂荡于欹湖上。

欹湖岸边种满了柳树。柳树的影子倒映在湖水中，染绿了一湖秋水。一阵风吹来，柳树的枝条随风扬起，在空中掀起阵阵柳浪。湖中建了一个临湖亭。后来王维常带裴迪来这里饮酒观湖，四面荷花盛开，与河堤柳浪交相辉映，两人还特地为此作诗留念。

柳浪下首处是栾家濑。栾家濑在汛期时水流湍急，鸥鸟白鹭在水中嬉戏，也不怕人，时常与人亲近。王维经常在这里喂鸟，与它们打成一片，给它们抚琴作画。时间久了，白鹭也像是通了人性似的，当王维开始抚琴弹琵琶的时候，它们就会开口鸣叫，好像在应和着他的乐声；当王维拿起画笔的时候，它们就会自己寻找一个巧妙的角度，披着瑰丽的霞光，做自己的事情，尽量给王维留下一个完美的背影；当王维画完了，它们也会凑过来欣赏，如果画得令它们满意，它们就拍打翅膀像是在鼓掌一般，反之则四散离开，不再搭理王维。起初王维将这事儿告诉裴迪，裴迪还不信，直到有一天他自己体会到被白鹭嫌弃的滋味儿，才知道王维说得有多么真实。

离开水边进入山谷，夕阳的光芒被揉碎了似的洒在泉水中，泛起了细碎的磷光。裴迪说这泉水是"萦渟澹不流，金碧如可拾"，或许正是因为如此，王维才将这泉水称为"金屑泉"吧。

山谷下方也有一座宅子，因为处在欹湖南边，与北垞相对，所以按照惯例被命名为"南垞"。穿过南垞的时候，天已经黑了，月亮爬上山头，向山谷里洒下清冷的光芒。溪水哗哗而过，附近有人家在溪水两岸上下游月下浣衣。

走到竹里馆，天色已经很深沉了。两人就留在这里过夜。王维抱出古琴缓缓弹拨两下，琴声在寂静的山谷中更显得格外悠扬。裴迪与王维相对而坐，听他弹奏半天，终于忍不住开口问："朝廷里为了安禄山兼任范阳节度使一事都吵翻天了，你这个左补阙为什么一言不发？"

王维无奈地说："几位宰相都劝不动陛下，你以为我就可以扭转乾坤了吗？而且陛下封赏安禄山自有他的道理，朝中大臣仅仅以安禄山为外族人的身份而上疏反对，似乎也有些站不住脚吧？"

裴迪觉得王维说得也有道理，但又问他："那么，对陛下将寿王妃收入后宫的事情你怎么看？"

王维弹琴的手忽然顿了一下，"你说什么？还有这种事情？"

"这些日子你光顾着忙活你这辋川别业了，不知道这事儿倒也正常。陛下看上了寿王妃，把她安排到道观里，赐了一个'太真'的道号，经常召太真道人入宫伴驾。"裴迪特意咬重了"太真道人"这四个字，然后又一脸神秘地说，"我听说寿王妃善舞，陛下常与她在梨园相会。而且陛下每次与她在梨园见面都会寻个理由把梨园里的乐工支走。不过我听一些梨园的乐工说，他们虽然不在梨园，但还是能听到里面传出欢笑声和奏乐声。陛下跟寿王妃在梨园一待就是一整天，你说他们在里面干什么呢？"

王维右手拨了一个泛音，劝裴迪道："陛下已经不是当年的陛下了，你最好少管后宫之事，不然出了事，可不仅仅是削职为民这么简单。"

裴迪张了张嘴还想再说些什么，却被王维的一句"今晚只关风月，不谈政事"给堵了回去。

晚风吹过竹里馆，掠过种满了紫玉兰、漆树、花椒的辛夷坞、漆园和椒园。王维的琴声顺着晚风若有若无地飘扬在辋川山谷之中。"独坐幽篁里，弹琴复长啸。深林人不知，明月来相照。"没错，今夜只关风月，不谈政事。

王维与裴迪二人为辋川别业中的每一处景致都分别作诗一首，王维还将两人在辋川别业所作的诗汇编成一个合集，抄录了一份送给裴迪。裴迪带回去之后分享给好友。诗歌很快便传播开去，闹鬼的谣言不攻自破，很快大家就都知道王维在山谷里有一处清幽雅致的私人别业，于是纷纷上门拜访。一时间，原本的空山竟变得门庭若市，王维也是忙得应接不暇。

二、冥冥之中自有安排

辋川别业倾注了王维许多的心血，他当然希望每天都能待在这里。可惜天不遂人愿，他的朝廷官员的身份决定了他有时又不得不离开这个对他而言好像净土一样的地方。天宝四年（745 年），王维奉命以侍御史的身份到榆林和新秦出差。

王维的马车停在孟城坳口，对自己的辋川别业依依不舍，不肯动身。书童听他的嘱咐弄些草料喂马，每次只是喂一两把，可架不住次数多啊，马都要吃吐了，王维还在那边磨磨蹭蹭，没有半点打算要走的意思。

书童实在看不下去了，上前催促说："先生，走吧！天都要黑了。"

这才大清早的，哪那么快就天黑呢？王维听出来书童在调侃他，他也不生气，只是再次嘱咐打扫的人："你们一定要按时来这里打扫，这里最容易生女萝，还有屋里石阶最容易长苔藓，要是不及时清理它们会长得到处都是……"

书童赶紧上前打断他的话："先生，这些您昨天都叮嘱过他们好几遍了！我们真的该走了！"

在书童三番几次的催促下，王维终于上了马车。马车缓缓前行，王维从车窗里探出头向后张望，直到走出山谷，再也看不到辋川别业的轮廓才把头收回来，然后慨然长叹。

书童劝他："先生，您别舍不得了！咱们又不是不回来了……"

"你不懂。"王维语气沉重地说。这里的一草一木都饱含自己的心血，每个角落都留有自己与朋友的美好记忆。自打他买下这座宅子之后就一直住在这里，现在突然要离开它，怎么舍得离开那些花鸟鱼虫，怎么忍心离开那绿水青山？

可是再舍不得也得走，因为抗旨是要掉脑袋的。不过幸运的是，这次出差比较顺利，一年之后他就回京复命了。

再回来时又是一个春夏之际，百姓正忙着耕田。回到辋川别业，细雨迷蒙中草色翠绿，水边桃花红艳欲燃。一些得道高僧和上了年纪的乡贤听说王维回来了，全都出门站在路旁争相与他打招呼，欢迎他归来。

天宝九年（750 年）春天，王维的母亲崔氏去世了。王维幼年丧父，是母亲一手把他带大的，母亲的去世给他带来了很大的打击。连日来他茶饭不思，整个人瘦得几乎只剩下一把骨头。按照规矩，父母去世应当守丧三年。王维辞官回辋川为母亲守丧，并在辋川别业中特地建了一处佛堂并立牌位供奉母亲。守丧期间，他也没心思到处游玩，每天下地耕种，与寻常百姓一样过着日出而作日落而息的生活，希望用满身的疲惫来冲淡丧母的悲伤。

得知王维母亲去世的消息后，王维的几个好友先后来辋川别业看望他。王维作《酬诸公见过》记述了当时的情景。

> 嗟予未丧，哀此孤生。屏居蓝田，薄地躬耕。
> 岁晏输税，以奉粢盛。晨往东皋，草露未晞。
> 暮看烟火，负担来归。我闻有客，足扫荆扉。
> 箪食伊何，颟瓜抓枣。仰厕群贤，皤然一老。
> 愧无莞簟，班荆席藁。泛泛登陂，折彼荷花。
> 静观素鲔，俯映白沙。山鸟群飞，日隐轻霞。
> 登车上马，倏忽云散。雀噪荒村，鸡鸣空馆。
> 还复幽独，重欷累叹。

此诗开篇即点明了王维此时的状态，以及这些友人前来看望他的原因。慈母离世，留下王维一人孤独地活在这世上。他为母守孝避居辋川别业，过上了轻简的田园生活。他亲自下田劳作，早晨迎着露水前往东山，傍晚望着炊烟挑着担子归来，俨然一副农夫的模样。有人会说，王维不就是向往这种生活吗？不过，这时他的心境与从前可是大不相同。听闻友人来了，他赶忙打扫陋室，拿出乡间的瓜果招待。看着眼前这些雅士贤者，再看看自己此时的形象——乡野老夫，简直天差地别。王维自觉居室实在是简陋，但转念一想，或许友人们也能自得其乐。友人们的到来，让王维仿佛短暂地找回了原来的状态，可是当众人散去，山林又重归于寂静，一种更苍凉的孤寂感涌上心头，由此也能一窥王维未能完全归隐的缘由。

后来王维也为葬在蓝田白鹿原的前京兆尹韩朝宗作墓志铭。看到韩朝宗的家人为他下葬吊唁，王维不禁联想到自己的遭遇：妻儿、母亲先后离开人世，只留下自己孤零零一个人……

四下张望举目无亲，王维心中涌起一股悲哀。再看看自己也两鬓斑白，进入了暮年，就像这冷清的空谷一样，暮气沉沉，了无生机。他低声呢喃自己之前所作的诗句："新家孟城口，古木余衰柳。来者复为谁，空悲昔人有。"如果说当时的感觉还是比较肤浅片面的，那么现在他更加深刻地体会到了"世间一切你恨不得都据为己有，其实到头来什么都留不住"的那种无力感。

天地永恒，生命易逝。此山此水此月，年年岁岁如此，而山脚水边月下的人，岁岁年年不同。

第二章 不如高卧且加餐

一、酌酒与裴迪

天宝四年（745 年）出差回来后，王维的官职又迎来了几次升迁变动，天宝五年（746 年）由侍御史升任库部员外郎，天宝七年（748 年）又从库部员外郎升任库部郎中。虽然仕途看起来已经到了一帆风顺的时候，但只有王维自己才知道，这根本就不是他想要的。在外人看来无限风光的背后，实际上有着太多的不堪。

天宝五年（746 年），朝堂之上李林甫把持朝政，铲除异己，重用酷吏，大兴冤狱；后宫之中，玄宗皇帝宠幸杨贵妃，各地的绫罗绣品、器物珍玩像流水一样源源不断地送进杨贵妃的宫里。"遂令天下父母心，不重生男重生女。"杨贵妃想吃荔枝，玄宗皇帝就命人从岭南地区日夜兼程、快马加鞭把荔枝送来，不知情的人还以为这些驿卒在传递紧急军情。

朝前后宫皆一片混乱，玄宗皇帝非但不知悔改，反而还雪上加霜。他笃信道教，大搞封建迷信，这让王维感到苦不堪言。天宝七年（748 年），大同殿的柱子上长出了玉芝，文武百官都说这是祥瑞之兆，随后就拍马屁给玄宗皇帝选了一个尊号叫"开元天宝圣文神武应道皇帝"。玄宗皇帝

被他们哄得很开心，还专门为此举行宴会，王维奉命撰写
《大同殿柱产玉芝龙池上有庆云神光照殿百官共睹圣恩便
赐宴乐敢书即事》。后玄宗皇帝过生日，王维奉命撰写《奉
和圣制天长节赐宰臣歌应制》；玄宗皇帝去降圣观祭拜，
王维奉命撰写《奉和圣制登降圣观与宰臣等同望应制》。

　　玄宗皇帝信奉道教，王维为了保命也只能附和唐玄宗
的喜好，在例行公文中对道教、对老子大加推崇，事实上
他却并不开心。玄宗皇帝除了迷信道教，还穷兵黩武，喜
好用军事力量来展示大唐的强大，显示自己的龙威。天宝
八年（749年），玄宗皇帝命哥舒翰率领大军攻打吐蕃石堡城。
大唐将士死伤无数，然而王维不得不上奏一篇《贺神兵助
取石堡城表》，来庆祝战争的胜利。

　　人都是时代的产物，面对皇权，王维无力抗争，只能
顺应妥协。他的心里压着满腔的愤懑不平，时刻想要寻找
机会一吐为快。当时，李林甫专政，朝野上下对此多有不满。
咸宁太守赵奉璋上奏折状告李林甫二十大罪状，奏折还没
送到宫里就因走漏风声而被拦截下来。李林甫授意御史台
罗织罪名逮捕赵奉璋，以妖言罪将人杖杀。

　　王维得知这件事，心痛如绞。他厌恶官场的黑暗腐败，
鄙夷官员的不择手段。但他不傻，不会跟李林甫等人发生
正面的冲突，只能窝在辋川别业里写写诗，发发牢骚。赵
奉璋一案爆发之后，裴迪与朝中的大臣联名上疏为赵奉璋
求情，但是奏章全被李林甫压下来。而更可怕的是，一些
名单上的大臣在上疏之后就突然消失了，要么是告病请假，
要么是辞官回家……剩下的一夜之间都噤若寒蝉，再没有
一个人敢对这件事情发表看法。裴迪不解，心中苦闷，来

到辋川找王维借酒浇愁，大吐苦水。

王维对裴迪的到来没有感到任何意外。他早就备好一桌素菜，在酒炉里温上了酒。几杯酒下肚，裴迪就打开了话匣子，痛骂起李林甫那帮人。王维只是在一旁默默倾听，心里颇为赞同他的观点。现在的朝廷就是这个样子，人心反复无常，有些人相交一辈子，到头来还是为了各自的利益相互算计、相互提防。与其在这样浑浊不堪的人世间沉沦，不如早些归隐山林，与鲜花绿草山水湖光相伴。这些都被写进王维的《酌酒与裴迪》一诗中："酌酒与君君自宽，人情翻覆似波澜。白首相知犹按剑，朱门先达笑弹冠。草色全经细雨湿，花枝欲动春风寒。世事浮云何足问，不如高卧且加餐。"

外部环境已然如此，你我又能做什么呢？只能是对酌几杯，在酒的刺激下，在畅谈间宽宽心罢了。这世上就是这样的人情冷暖，为了利益背后捅刀子的好朋友大有人在，你我竟然还争相跳入这泥淖之中？咱们始终不能放下自己的价值追求，不能与他们同流合污，最后的官运也就注定如此了。奈何我们有报国之志，可是大环境不允许啊！现在看来，世事如浮云一般，不值得一提，不如我们就此归隐这山林之中吃好喝好吧。

在王维的另一首酬答友人张少府《酬张少府》的诗中，也流露出同样的晚年心境。

晚年唯好静，万事不关心。
自顾无长策，空知返旧林。
松风吹解带，山月照弹琴。

君问穷通理，渔歌入浦深。

王维说自己晚年只喜欢安静的生活，对纷繁世事不再关心，可其中又有多少无奈？他思量自己已没有什么可以报国的高明主张，也就只剩下了唯一的出路——归隐山林。在张九龄为相时，王维的心中还是有凌云壮志的，一心想着终于可以有所作为，实现自己的政治理想了。可无奈张九龄被李林甫排挤，被罢相远贬，这就好比一盆凉水直接浇灭了王维心中的火焰，他对朝廷也失去了信心。归隐山林，抚琴对酌，对山月高歌，对松风乘凉，这是何等的闲适。不过，王维真的已经下定归隐的决心了吗？

王维在诗中说，这入世还是出世的答案，在渔歌之中。

在官场沉浮这么多年，王维见证并亲历了许多疾风骤雨，儒家积极入世思想在他的心里已经开始渐渐动摇。如果说他年轻时受母亲的影响信奉佛教，佛教出世的思想在他的心里只是一个小小的念头、一棵微弱的幼苗的话，那么多年的风雨则是滋养这棵幼苗的养料，使之越发地成长、壮大起来。如果说在官场沉浮里受人排挤还只是循序渐进式地影响着王维，那么安史之乱的爆发才是使王维心里的这棵幼苗长成参天大树的重要原因。

安史之乱被平定之后，王维因为一首《凝碧池》及弟弟王缙削职力保降罪，才免于一死，还责授下正五品的太子中允职位。肃宗新皇上任三把火，开始扫清玄宗遗留的毒瘤。王维从中看到了大唐重振的影子，但他不知道的是，这些只是大唐气数将尽、大厦将倾的前兆，也是他这一生仕途的回光返照。

二、中止的智慧

王维度过了安史之乱的动荡时期，不仅保住了官位，仅责授太子中允的职位，后来又加封集贤殿学士，不久又被迁为中书舍人。王维的一腔报国热忱重新燃起。他感念皇恩浩荡，在《既蒙宥罪旋复拜官伏感圣恩窃书鄙意兼奉简新除使君等诸公》中写道："忽蒙汉诏还冠冕，始觉殷王解网罗。日比皇明犹自暗，天齐圣寿未云多。花迎喜气皆知笑，鸟识欢心亦解歌。闻道百城新佩印，还来双阙共鸣珂。"

王维在诗中将肃宗皇帝比作"殷王"，赞扬他的圣明，颂扬他的功德，同时抒发了自己得到赦免又拜官升职后的愉快心情。除了勉励自己，他还在诗中勉励其他官员也要精忠报国，以优异的政绩回报君主的贤明。由此可见，王维的忠君爱国之志依然在他心里占有一席之地。

不过当这种热情散去之后，佛教的避世思想又在王维的心里占据了上风。可以说，在安史之乱爆发之后，他自己心里的一腔热血已经减淡了许多，再不像年轻时那样对未来存有不切实际的憧憬和幻想。如今王维已经年过半百，过往的遭遇和残酷的现实逐渐消磨了他内心那份向上的拼搏奋斗精神。现在的他即便有报国之念，也是有心无力，只能做个清闲的挂名官员，有事推荐官员，无事挥笔度日。

正如他在官拜太子中允时的那样，人在低谷时期，无论遇到多少好事都会觉得是天赐的恩典。王维一度以为自己要被扣上卖国贼的罪名屈辱赴死，没想到竟然还有咸鱼翻身的一天。说实话，在那一刻他确实是被这种突如其来的喜讯冲昏了头脑，但是很快他就冷静下来了。按照惯例，他应该写一篇文章来表达自己对皇帝的感激之情，顺便表示一下自己的忠心。写这种官文，王维是手到擒来，不过这次写这篇官文在后面加了一些东西。他写的这篇文章叫《谢除太子中允表》，在文中他夸赞肃宗皇帝"伏惟光天文武至圣皇帝陛下，孝德动天，圣功冠古，复宗社于坠地，救涂炭于横流。少康不及君亲，光武出于支庶。今上皇返正，陛下御干，历数前王，曾无比德，万灵抃野，六合欢康"，但之后笔锋一转，他又向肃宗皇帝提出要"退居二线"，在家里通过礼佛为肃宗、为朝廷、为国运祈福。他认为自己虽然被逼迫才做了伪官，但毕竟也是做了官，所以没有脸站在朝堂之上，更加没有脸面对这些朝中大臣，于是他请求肃宗皇帝让他在家里奉佛报恩。他说："况臣夙有诚愿，伏愿陛下中兴，逆贼殄灭，臣即出家修道，极其精勤，庶裨万一。顷者身方待罪，国未书刑，若慕龙象之俦，是魑魅之地，所以钳口，不敢萌心。今圣泽含宏，天波昭洗，朝容罪人食禄，必招屈法之嫌。臣得奉佛报恩，自宽不死之痛，谨诣银台门冒死陈请以闻。无任惶恐战越之至。"

　　肃宗皇帝刚刚即位，他的老父亲玄宗还健在，只不过被迫做了太上皇。朝中仍然有一股势力是听命于太上皇的，这对新上岗的肃宗皇帝来说并不是一件好事。他正为这事儿焦头烂额，并且想尽办法把一些与他不是一条心的旧臣调出政权的中心，正所谓一朝天子一朝臣嘛。

　　在这样的背景下，王维主动提出回家礼佛，简直是说到了肃宗皇帝的心坎儿里，而且肃宗皇帝也是信佛的，两人的思想就这么一拍即合。肃宗皇帝不仅批准了王维的请求，还特地让天竺僧人来给他进行七宝灌顶，受菩萨戒。在灵武即位以后，肃宗皇帝还特意请来百名僧人在宫里日夜诵经，求佛祖保佑平定战乱。巧的是，很快安史之乱就被平定了。尤其是在收复长安之后，肃宗皇帝更是认定这是僧人日夜诵佛经的功劳。

王维回到辋川之后思想日渐佛教化，经常用佛理来解释生活中发生的事情。他的佛教思想和佛教用语也集中体现在他的诗作上。比如他在《胡居士卧病遗米因赠》中说"了观四大因，根性何所有。妄计苟不生，是身孰休咎……即病即实相，趋空定狂走。无有一法真，无有一法垢"，又在《与胡居士皆病寄此诗兼示学人二首》中说"……洗心诣悬解，悟道正迷津。因爱果生病，从贪始觉贫。色声非彼妄，浮幻即吾真。四达竟何遣，万殊安可尘。胡生但高枕，寂寞与谁邻。战胜不谋食，理齐甘负薪"。由此可见，王维已经不想再去探索和揭露世间的丑恶和不平，只想通过悟道来寻求心灵的解脱。除此之外，他还在《戏赠张五弟諲三首》中说："徒然万象多，澹尔太虚缅。一知与物平，自顾为人浅。"如今的王维不再寻求儒家所提倡的积极进取之道，而是转而笃信明哲保身和随遇而安的处世之方。

一日，王维从南垞坐船去北垞，泛舟游于欹湖。他在湖中划船划了很久，马上就要到岸了。此时水面雾气蒙蒙，尽管他已经看到了北岸，对那被水雾迷蒙的北岸充满了喜爱与好奇，却突然让书童停船。

一叶扁舟就这样停在原地。书童一边费力地维持着小船在原地打转，一边不解地问他："先生怎么了？马上就要到岸了。"

王维站在船头望着对岸沉默不语。他能够清楚地感受到自己对登岸的渴望，但是他没有遵循这种渴望，只是在原地静静地体察着内心的变化。他在窥探自己的内心，窥探自己的欲望，换句话说这是他的元认知——他在认识自己的认知。

王维静默不语，可把书童为难坏了。船又不是马车，马车拉一下缰绳就能轻松停住，船得与水流保持着一个稳定的相互作用力才能停住。书童可没有王维这样的佛性，并且随着年龄的增长，他越来越看不懂王维心里在想些什么。他只能拼命划船，急得一脑门的汗。

烟雾渺茫中，王维的热情逐渐冷却下来，只是远远地望着远处的灯火飘零。他从小接触的儒家思想一直教导他要秉持一份"虽九死其犹未悔"的奋斗精神。这是一种锐意进取、不达目的誓不罢休的昂扬奋发的精神状态，但很少教人在没办法达到目的的时候该如何自处，即便有，也早就被浩如烟海的激扬奋进的言论所淹没。面对北岸，王维心中忽然有所领悟，一种叫作"止"的念头在他的心底逐渐地生根发芽，蔓延全身。

他这一生都在为实现自己的理想抱负而在官场奔波劳碌，但最终也没能真正地实现愿望。尽管肃宗既往不咎，责授他新的官职，委以重任，可是现在的他已经是个垂垂暮年的老人了。当年的雄心壮志早就在时间与挫折的摧残中被消磨殆尽，即便现在有机会能够实现当年的理想，可是他就像眼下的处境一样：坐船漂荡于水中央，北岸唾手可得，心里却没了登岸的想法，"隔浦望人家，遥遥不相识"。

与内心的欲望保持距离，在某一刻决定放弃实现那个唾手可得的欲望，这就是放下，也是一种更为超脱的能力与智慧，同时也需要更强大的勇气。在那一刻，王维似乎明白了理想与欲望的区别。放下，是一种反向的力量，它能让人获得做减法的自由。

想通了这一点，王维也开始为自己的生活做减法。他开始减少饮食中的荤腥。其实当他开始信佛的时候，就已经开始有意无意地不碰荤腥了，现在只不过是更进一步这样做罢了。紧接着他又将衣柜里华丽的衣服换成了素色的衣服，衣服如果有了破损就自己缝补一番。书童时常在深夜帮他缝补衣服的时候说："堂堂朝廷命官，怎么就把自己过得像个乞丐似的？"

别人听说他的名气，听说他在辋川有一处大庄园，又了解到他丧妻多年，于是就动了给他续弦的念头，给他介绍许多合适的妇人，但是王维全都态度坚定地将其拒之门外。他每天除了应付一些必要的公事，其他大部分时间都是待在辋川别业里诵经念佛，平日里往来的除了和尚就是裴迪。

王维的礼佛之心十分虔诚，对待来访的僧人一定毕恭毕敬，经常把院落打扫得干干净净，以备他们的光临。当有僧人到访的时候，他就会在屋里焚上一炉香。他们就在这檀香中，整整一天都在讨论佛理，直到夜幕降临、月上中天。王维有一首《饭覆釜山僧》，就将这个情景描述得十分具体。诗中说："晚知清净理，日与人群疏。将候远山僧，先期扫弊庐。果从云峰里，顾我蓬蒿居。藉草饭松

屑，焚香看道书。燃灯昼欲尽，鸣磬夜方初。一悟寂为乐，
此生闲有余。思归何必深，身世犹空虚。"王维与僧人们
一同吃饭读经，也在这个过程中悟得佛理。此前心中纠结
的是否要归隐，也无所谓了，因为在王维看来，无论是人
生还是世间都是一片空虚。

《旧唐书》中也这样记载王维："在京师日饭十数名僧，
以玄谈为乐。斋中无所有，唯茶铛、药臼、经案、绳床而已。
退朝之后，焚香独坐，以禅诵为事。"王维对这样的生活
十分满意，甚至认为这是排解苦闷的唯一出路。就像他在《叹
白发》中所感慨的那样："宿昔朱颜成暮齿，须臾白发变
垂髫。一生几许伤心事，不向空门何处销。"人生转瞬即逝，
自己已从少年变成了白发老人，人这一辈子有太多无法释
怀的伤心往事，最终唯有在佛法之中得到解脱。

除了锦衣玉食的生活，王维最后连自己倾注了无数心
血的辋川别业都舍弃了，他向上申请将其捐出去用来建寺
庙。在《请施庄为寺表》中他首先表明了自己想要报恩的
心迹："臣维稽首：臣闻罔极之恩，岂有能报？终天不返，
何堪永思？然要欲强有所为，自宽其痛。释教有崇树功德，
宏济幽冥。"

随后他又说明了自己购买这座辋川别业的原因，一来
是为了给自己一个满意的安身之所，二来是为了方便祭祀
亡故的亲人："臣亡母故博陵县君崔氏，师事大照禅师
三十余岁，褐衣蔬食，持戒安禅，乐住山林，志求寂静。
臣遂于蓝田县营山居一所，草堂精舍，竹林果园，并是亡
亲宴坐之余，经行之所。"

最后，王维详细地说明了自己在经历安史之乱等苦难

之后，蒙皇帝不弃，受皇恩浩荡，心里感念至深，奈何自己已经是风烛残年，无法发挥更大的作用，莫不如将辋川别业捐出去建个寺庙，积累一些功德为大唐王朝祈福所用：

"臣往丁凶衅，当即发心，愿为伽蓝，永劫追福。比虽未敢陈情，终日常积恳诚。又属元圣中兴，群生受福，臣至庸朽，得备周行。无以谢生，将何答施？愿献如天之寿，长为率土之君，惟佛之力可凭，施寺之心转切。效微尘于天地，固先国而后家，敢以鸟鼠私情、冒触天听？伏乞施此庄为一小寺，兼望抽诸寺名行僧七人，精勤禅诵，斋戒住持，上报圣恩，下酬慈爱。无任恳款之至。"

王维几乎放弃了一切才终于换来了心灵上的安宁。在旁人看来，功名利禄、如花美眷都放弃，那人生还有什么乐趣可言？明明满腹才华却不去施展抱负，反而窝在一个小山沟里谈经论道，这人生还有什么意义？

其实王维一开始也没有放弃。王维年轻的时候也是一个想要大展宏图、意气风发的少年郎，只是当时环境不太允许他大展拳脚，经年累月也就成了这副半官半隐的模样，真是应了那句歌词："忘也忘不了，要也要不到。"人们说他仕隐皆可得，可最终看来却是两般皆不得，故只不过是官场不得意，沉迷佛学麻痹自己罢了。

第三章　责躬荐弟归田园

一、责躬荐弟

在佛教中，要达到远离烦恼的境界就要六根清净。六根清净是指断除由眼、耳、鼻、舌、身、意六根引起的欲念。对于王维来说，他在辋川苦修，几乎已经做到了眼不好色、耳不好声、鼻不好嗅、舌不好味、身无喜恶，唯独一个"意"还有所欠缺。他的减法做得还不到位，他还有一笔人情债没有还完。

安史之乱之后，弟弟王缙用官职来保他，被调去做蜀州刺史，一直没有回到长安。王维托他的福在朝为官，官职变动频繁：从太子中允到中书舍人到给事中，改判官署，最后转任尚书右丞，这是他生平所担任的最高官职。在这三年的时间里，他不是没有想过上疏奏请肃宗皇帝把王缙调回朝廷，但是他又不知道该如何开口，毕竟连自己都是王缙用官职保下来的。肃宗表面上因为《凝碧池》一诗和王缙及其他群臣的请求而下旨赦免了他的罪过，但王维心里清楚这只是权衡利弊后的一种妥协。肃宗皇帝刚刚即位，亟须得到群臣的支持，赦免他一定能换来一批大臣的忠心，这笔买卖不亏。

王维很清楚自己不过是政治博弈中的一枚棋子，做棋子的就要有做棋子的觉悟，安安静静地做个"吉祥物"就好，做好自己的本职工作，没事别在朝廷里乱刷什么存在感。这些年来王维也正是这样明哲保身的。

人非草木，孰能无情？上元元年（760年）六月，肃宗皇帝的第十二子李侃因病去世，享年八岁。李侃是张皇后所生，肃宗皇帝十分喜欢这个孩子，在李侃四岁的时候就封他为兴王。在李侃生病的时候，肃宗皇帝经常下朝之后来看他。太医院最好的医师夜以继日地研究李侃的病情，每天像上班打卡似的往张皇后的宫里跑。但即便如此，老天也没能放过这个年幼的孩子。

七月，册赠李侃为皇太子，庙号恭懿。十一月，葬于长安高阳原。自己最喜欢的孩子病逝，肃宗皇帝也因此一病不起，夜里时常梦到李侃还在世的场景，常常哭着从梦中醒来。当然，这些都是宫里人的传言，没什么事实依据。

王维奉命为恭懿皇太子写挽歌。挽歌是古人送葬时所唱的歌，由乐曲和歌词两部分组成。挽歌产生于春秋战国时期，在两汉魏晋以后，唱挽歌就成了朝廷规定的丧葬礼俗之一。按理说负责丧葬的应该是礼部，再不济也有太乐丞一伙人来做这事，怎么着也轮不到王维。其实这事儿原本也不该由王维干，只不过大家都知道肃宗皇帝丧子心情悲痛，给李侃写挽歌的活儿简直就是个悬在头顶的达摩克利斯之剑，但凡出一点差错都是要掉脑袋的。于是他们便互相推诿，谁都不肯接手。最后也不知道是谁提议，说王维之前干过太乐丞，曲子写得很好，不如就把这个烫手的山芋丢给他吧。王维这个冤大头就这样接了这么个活儿。

王维以为给恭懿皇太子写挽歌是肃宗皇帝的意思，于是把自己关在辋川别业里殚精竭虑、苦思冥想了好几天才终于完成。挽歌一共分为五首，将李侣离开人世、宫中上下如何悲痛、肃宗如何思念孩子，还有出殡时的场景一一描绘出来："何悟藏环早，才知拜璧年。弻天王子去，对日圣君怜。树转宫犹出，筘悲马不前。虽蒙绝驰道，京兆别开阡。兰殿新恩切，椒宫夕临幽。白云随凤管，明月在龙楼。人向青山哭，天临渭水愁。鸡鸣常问膳，今恨玉京留。骑吹凌霜发，旌旗夹路陈。凯容金节护，册命玉符新。傅母悲香裸，君家拥画轮。射熊今梦帝，秤象问何人。苍舒留帝宠，子晋有仙才。五岁过人智，三天使鹤催。心悲阳禄馆，目断望思台。若道长安近，何为更不来。西望昆池阔，东瞻下杜平。山朝豫章馆，树转凤凰城。五校连旗色，千门叠鼓声。金环如有验，还向画堂生。"

用心创作的挽歌最能打动人心。王维在写挽歌的时候不免想起了自己那个苦命的儿子，他在比李侣还小的年纪就早早地跟着他娘亲去了。王维写到情深处便情不能自已，倒在地上失声痛哭起来。在写完挽歌的一连几个夜里，他都能梦到妻子抱着儿子站在不远处向他微笑，儿子也在朝他招手，阳光洒在他们身上显得格外温暖。但是每当王维想要靠近他们的时候，梦中景象就会发生翻天覆地的变化：一片祥和的天堂瞬间化作冰冷漆黑的地狱，大地在他的脚下裂开，令他堕入无底深渊。每次从梦中惊醒，王维都是心有余悸。

他不明白为什么会做这样的梦，于是就把梦境告诉了与他往来密切的僧人。僧人们听了这话，无一不认为他这是着相了。

王维对此有些迷茫，自己明明已经将能放下的都放下了，怎么还会陷入着相的陷阱呢？

他思来想去都没能想明白，直到有一天晚上梦到自己小时候一家人在一起吃饭的情景。他醒来之后似有所悟，自己一个人呆呆地坐了半宿，决定上疏给肃宗皇帝，请求将自己削职，放归故里，并赐弟弟王缙一个官职，让他回到朝廷。

王维字字情真意切，在这篇奏折中反思了自己当年的罪过，称自己"昔在贼地，泣血自思，一日得见圣朝，即愿出家修道。及奉明主，伏恋仁恩，贪冒官荣，荏苒岁月，不知止足，尚忝簪裾。始愿屡违，私心自咎"；随后又将自己与王缙做对比，认为自己在"忠""政""义""才""德"五个方面都不及王缙："臣又闻用不才之士，才臣不来；赏无功之人，功臣不劝。有国大体，为政本原，非敢议论他人，窃以兄弟自比。臣弟蜀州刺史缙，太原五年抚养百姓，尽心为国，竭力守城。臣即陷在贼中，苟且延命，臣忠不如弟一也。缙前后历任，所在著声，臣忝职甚多，曾无裨益，臣政不如弟二也。臣顷负累，系在三司，缙上表祈哀，请代臣罪。臣之于缙，一无忧怜，臣义不如弟三也。缙之判策，屡登甲科，众推才名，素在臣上。臣小言浅学，不足谓文，臣才不如弟四也。缙言不忤物，行不上人，植性谦和，执心平直。臣无度量，实自空疏，臣德不如弟五也。臣之五短，弟之五长，加以有功，又能为政。"最后又说他们兄弟二人许久不得相见，王缙在外地做官，无召不得入京，自己在京中做官却已经风烛残年，还不知道剩下多少日子存活，恳求肃宗大开天恩，让他们兄弟团聚。

肃宗皇帝同意了王维的请求，并且在上元二年（761年）五月四日前下了诏书："敕：幸求献替，久择勋贤，具寮咸推，令弟有裕。既膺赞相之任，俯观规谏之能。建礼朝升，鹓行并列，承明晚下，雁序同归，乃眷家肥，无忘国命，所谢知。"肃宗皇帝下旨授予王缙左散骑常侍。王维感恩戴德，五月四日上疏《谢弟缙新授左散骑常侍状》。

二、魂归田园

当王维为弟弟做着最后的争取时，王缙已经从蜀州刺史被调到凤翔任职了。而这一切王维还不知情。直到圣旨下发，王维心里最后一块大石头终于落了下来。他在窗前站了一夜，看着窗外的一弯明月慢慢隐去，直到旭日东升。

书童——现在应该叫老仆了，他与王维相伴一生，从年幼时的黄发垂髫一路扶持王维走到了如今的两鬓斑白。看着王维日渐瘦削的背影，他心里隐隐有种不祥的预感，但是却没办法告诉任何人。事情果然如他所料。王维病了，不是风寒风热等引起的病痛，而是大限将至精力逐渐消退的老病。

老仆知道王维吊着一口气就是在等王缙回来。他们已经派人快马加鞭送信过去了，可是一天一夜过去了，还是没有等来王缙的任何消息。

王维眼神蒙眬，忽然清明起来，像往常一样吩咐老仆："取纸笔来。"

老仆的心情变得沉重起来，这是回光返照了。他还是按照王维的吩咐拿来了纸笔。王维提笔给王缙和一些亲友分别写下告别书信。王维抱着这些书信重新躺在床上。他的目光再次变得涣散，只是与刚才不同的是，嘴角挂着笑意。他张了张嘴，轻声呢喃："他回来了……他回来了……我听到马蹄声了……"

老仆凑近来仔细听了好几遍才听清王维说的是什么。他扭头向外望去，哪有什么马蹄声，不过是风吹过树叶发出的沙沙声罢了。还没等他回过头来，身后就传来了"啪嗒"一声响，王维手里的毛笔掉在了地上。一代"诗佛"就此离开了人世，结束了他曲折坎坷的一生。

王维的一生大致可以以安史之乱为界，分为由儒家入世思想占主导地位的前半生和由佛教出世思想占主导地位的后半生。

受儒家传统"学而优则仕"的思想影响，年轻时的王维一心想要考取功名，报效国家。为此他离开家乡，往返于两都之间，顺应当时的时代潮流，遵照当时的社会规矩，到处投递诗文，寻找可以在科举中能够助自己一臂之力的贵人。虽然中途遭遇了一些挫折，但他那一腔热血始终都没有被浇灭。

在他如愿以偿金榜题名、步入仕途之后，官场上的明争暗斗、云谲波诡将他卷入了无休无止的政治权力斗争的旋涡中。王维擅长写诗作画，可对于官场上的人情往来却一窍不通，不是不屑如此，而是真的无能为力。这样他注定要被吃人的黑暗所吞噬。为了求得一线生机，他早年受到母亲影响，在心中播下的佛教思想种子开始慢慢地萌发，并随着他在官场上的历练而生长壮大。而与此同时，儒学的光芒也发生了相应的弱化。

思想的力量总是此消彼长的。安史之乱爆发后，因为被迫做了伪官，王维心中为李唐王朝效力的理想也开始逐渐崩塌。但出身于官僚地主家庭的王维从小就有着优越的物质基础，平日接触的也都是上流社会的贵族豪门，即便是在为官期间与劳动人民接触也只是为了做好一个官员的本职工作，他并没有从心底想过如何拉近与劳动人民的距离，也没有想过深入了解劳动人民的疾苦。也正因这种阶级局限性，王维无法从现实中汲取强大的力量，无法从苦难中坚定自己的政治信念，更加无法从残酷的事实中表现出顽强的斗争精神。他会做的，他能做的，只有依赖佛教的思想，用退却与回避表达自己对现实的不满。

安史之乱爆发之前，他就断断续续地开始了在辋川别业隐居的生活，过着半官半隐的生活；安史之乱爆发之后，这种迹象更加明显。"穷则独善其身，达则兼善天下"是中国封建社会的读书人共同的政治追求，王维在黑暗的现实面前屡屡受挫，最终抛弃了这一理想，选择了独善其身、沉迷于佛教的道路。

王维的一生从积极进取到消极避世，是一个极其复杂而曲折的过程，并不能严格地将这两个阶段截然分开。即便到了晚年，王维也没有做到真正的遗世独立。青少年时期的进取精神依然潜藏在他心底的某个角落，尽管这些年的遭遇使他对政治十分失望，对黑暗的现实充满了不满与愤懑。

儒家与佛教，入世与出世，济世救民与独善其身……两种思想、两种力量的纠缠、矛盾与较量从始至终都存在于王维的心里，直到他离开人世。造成这种结果的原因，除了王维自身的经历、思想、特点，更多的是时代所带来的悲哀。对王维的认识，只有从这些复杂的因素着手，才能得到一个较为客观公正的评价。

后　记　王维的诗歌成就与山水田园梦

　　唐代，是一个优秀诗人频出的朝代，这与其国家版图的扩张、物质的极大丰富，以及多元文化的聚集交流有关。就好像我们如今某一个阶段，会集中出现大量优秀的电影或者其他文艺作品，其中既有大环境的因素，又由各种机缘造就。

　　王维是有才华的，精通多种才艺。要注意，集多种才艺于一身的人已经算是优秀，而王维样样都能达到"精"的程度，更是优秀中的优秀了。王维在《偶然作六首》中写道："老来懒赋诗，惟有老相随。宿世谬词客，前身应画师。"王维在世的时候，便有"天下文宗""当代诗匠"的美誉，不过他觉得写诗不是最擅长的，而作画才是他的天赋之能。的确，王维的画被赞誉是"画绝古今"。苏东坡对其画作更是推崇备至，认为其甚至超越了唐代的"画圣"吴道子。

　　王维是有自知之明的。他的诗写得好不好？肯定是好的，但是好到什么程度呢？相信王维也不敢说自己的诗乃

"天下第一"。李白和杜甫这两座大山摆在那里：李白的诗简直就是"此诗只应天上有"，他那是贺知章口中的"谪仙人"，已非凡人所能及；而杜甫则是大唐诗歌的集大成者，擅长各种诗歌题材，并在此基础上推陈出新，以至于被后世奉为诗歌创作的"宗师"。

李白和杜甫绝对是大唐诗歌界的最顶流。而大唐的一流诗人也有很多，如孟浩然、白居易、刘禹锡、王昌龄、李商隐、杜牧等。王维或许可以称得上是介于一流与顶流之间，说到底，这与王维诗作的题材内容有关。

当代著名作家、编剧刘震云先生曾说过："写作是有近路可抄的。你可以选择极端的题材和写法。凡是极端的，别人没有用过的，你便可以轻易地脱颖而出、超过别人。"这话说得很有道理，而王维也是这么做的。

我们都知道，王维是著名的山水田园派诗人。山水田园，其实是两种题材：一类是写山水，着重于对自然风光的描写；另一类是写田园，注重于对农家日常生活的描写。无论是山水诗还是田园诗，这都不是王维所开创的。对山水自然风光的留恋与追求，似乎是古代文人的一个普遍喜好，无论是魏晋时期的竹林七贤，还是南北朝时期的谢灵运，都流连于山水，也都有名篇流传于后世。

而田园诗的代表，更有陶渊明在前。他将田园生活的意境写到了极致，对后世诗人产生了深远的影响。苏轼曾评价其人其诗："渊明意不在诗，诗以寄其意耳。'采菊东篱下，悠然见南山'，则本自采菊，无意望山。适举首而见之，故悠然忘情，趣闲而累远。此未可于文字、语句间求之。"

纵然在山水田园这一题材下，已经有这么多的大家在前，王维还是在"山水田园"这一大主题下找到了独属于自己的一方天地以及独属于自己的语境与意境。

在王维的《渭川田家》一诗中，我们可窥得一二。

> 斜阳照墟落，穷巷牛羊归。
> 野老念牧童，倚杖候荆扉。
> 雉雊麦苗秀，蚕眠桑叶稀。
> 田夫荷锄至，相见语依依。
> 即此羡闲逸，怅然吟式微。

日落的余晖遍洒于村子，这时成群的牛羊也陆续归来了。然而，此时还未见牧童的身影，他的爷爷心中惦记，就拄着拐杖来到柴门边向远处张望。野鸡鸣叫，麦穗沉甸甸的，而蚕似乎已经进入休眠。农夫扛着锄头陆续归来，一时间田间小路上热闹起来。

王维这首诗的前面写的都是田园生活，但是却与陶渊明的诗截然不同。陶渊明是在写自己置身于田园生活之中的感受。而在王维诗中，写作的视角便发生了变化。王维宛若一位画家，他是站在画之外的。画中有大泼墨的斜阳余晖、成队牛羊，也有老人、牧童、雉鸡、麦苗等小细节；既有静态的描摹，也有动态的嘈杂场景呈现。显然，王维写的并不是自己的田园生活，而是在描摹村里的田园生活。从诗的最后一句，我们可以看得出来：这样的闲情逸致怎能不让我羡慕呢？怎能不让我有归隐去的念头呢？

可见，王维笔下的田园生活正是他理想中的模样，却不见现实之中的村民劳作之辛苦、生活之艰辛。而王维亲身体验的，也只是私家庄园辋川别业中的"度假生活"而已。但是，或许也正因如此，王维的田园诗中总带着一种乌托邦式的理想憧憬，让人读过他的诗后总能感受到温暖。这，不也是一种文学的治愈力量吗？

王维年谱

一岁（武周圣历二年/699年），出身太原王氏的分支河东王氏。父王处廉，曾官至汾州司马。其母出身博陵崔氏，信仰佛教，对王维的影响极大。王维的名和字合起来为"维摩诘"，这在佛教中是一个重要的象征。

九岁（中宗神龙三年/707年），其父卒。

十五岁（玄宗先天二年/713年），王维离家赴长安游历，途经骊山，创作《过始皇墓》。

十七岁（开元三年/715年），王维游历长安，创作《九月九日忆山东兄弟》。

十八岁（开元四年/716年），好友祖自虚去世，王维作《哭祖六自虚》。

二十三岁（开元九年/721年），春，王维进士擢第，官拜太乐丞。秋，因伶人舞黄狮被贬为济州司仓参军。

二十七岁（开元十三年/725年），裴耀卿上任济州刺史，王维协助裴耀卿负责玄宗封禅泰山事宜。

二十八岁（开元十四年/726年），济州暴发黄河水患，裴耀卿带领军民抗洪，王维参与其中。之后，裴耀卿赴宣州上任。王维在其离任后也离开了济州。

三十岁（开元十六年/728年），妻亡，秋天王维归长安。

三十一岁（开元十七年/729年），供职集贤院，与孟浩然结识。

三十二岁（开元十八年/730年），孟浩然离长安返襄阳；王维去职闲居，游终南山，作《终南山》。

三十七岁（开元二十三年/735年），获张九龄推荐，王维赴洛阳出任右拾遗。

三十八岁（开元二十四年/736年），十月随玄宗皇帝归长安。十一月，张九龄、裴耀卿罢相，李林甫大权独揽，政治转向黑暗，王维思想开始消沉。

三十九岁（开元二十五年/737年），王维以监察御史身份出使凉州，作《使至塞上》《出塞作》等诗。

四十一岁（开元二十七年/739年），在长安，任监察御史。

四十二岁（开元二十八年/740年），王维迁殿中侍御史，九月底从长安出发"知南选"，至襄阳作《哭孟浩然》诗。

四十三岁（开元二十九年/741年），下半年，王维隐居终南山。

四十四岁（天宝元年/742年），王维改任左补阙。同年秋，李白奉诏入京，任翰林供奉。

四十五岁（天宝二年/743年），王维营建辋川别业，从此开始亦官亦隐的生活。

四十七岁（天宝四年/745年），王维迁侍御史，并出使榆林、新秦二郡。

四十八岁（天宝五年/746年），王维从榆林、新秦回长安。年底迁库部员外郎。

五十岁（天宝七年/748年），王维迁库部郎中。

五十二岁（天宝九年/750年），三月，王维守母丧，屏居蓝田辋川，作《酬诸公见过》诗。

五十四岁（天宝十一年/752年），春丁忧结束，王维服阕，拜吏部郎中。

五十七岁（天宝十四年/755年），十一月，安史之乱爆发。王维迁给事中，作《左掖梨花咏》诗。

五十八岁（至德元年/756年），长安陷落，王维被叛军所俘，押往洛阳关押。裴迪来看望他时，王维即事赋《凝碧池》一诗。

五十九岁（至德二年/757年），唐代先后收复长安、洛阳。王维与其他伪朝官被押回长安，并按六等定罪。王维因《凝碧池》一诗及其弟王缙以己官为之赎罪，最终未获罪。

六十岁（乾元元年/758年），王维责授太子中允。写《谢除太子中允表》。不久后，王维加集贤学士衔，拜中书舍人。又官给事中。秋末冬初，离辋川归长安，作《别辋川别业》《送崔兴宗游蜀》等诗。

六十二岁（上元元年/760年），王维转任尚书右丞，上《责躬荐弟表》，请求辞去自己的职务，调弟弟王缙回京任职。

六十三岁（上元二年/761年），《责躬荐弟表》被批准，王缙授左散骑常侍。五月四日，王维上疏《谢弟缙新授左散骑常侍状》。六月末七月初，王维病卒。

参考文献

［1］哲夫.辋川烟云：王维传［M］.北京：作家出版社，2020.

［2］叶嘉莹.叶嘉莹说初盛唐诗［M］.北京：中华书局，2018.

［3］叶嘉莹.古诗词课［M］.北京：生活·读书·新知三联书店，2018.

［4］王维.王维诗集［M］.上海：上海古籍出版社，2017.

［5］毕宝魁.王维传［M］.沈阳：辽海出版社，1998.

［6］少年怒马.鲜衣怒马少年时：唐宋诗人的诗酒江湖［M］.长沙：湖南文艺出版社，2020.

［7］王力.古代文化常识［M］.北京：中华书局，2021.

［8］刘昫等.旧唐书［M］.北京：中华书局，1975.

［9］彭定求等.全唐诗［M］.北京：中华书局，2018.

［10］张进，侯雅文.王维资料汇编［M］.北京：中华书局，2014.

［11］辛文房，关鹏飞.唐才子传［M］.北京：中华书局，2020.

［12］欧阳修，宋祁等.百衲本新唐书［M］.北京：国家图书馆出版社，2014.

［13］王维.王维集校注［M］.北京：中华书局，2020.

［14］陈铁民.王维诗选［M］.北京：人民文学出版社，2017.

［15］马玮.王维诗歌赏析［M］.北京：商务印书馆，2017.

［16］张勇.王维诗全集［M］.武汉：崇文书局，2017.

［17］王志清.纵横论王维［M］.济南：齐鲁书社，2020.

［18］胡果雄.王维的精神世界［M］.北京：中国社会科学出版社，2015.

［19］王志清，潘鸣.王维研究：第七辑［M］.济南：齐鲁书社，2015.

［20］高萍，梁瑜霞.王维研究：第八辑［M］.北京：生活·读书·新知三联书店，2020.